重返查令十字街84号

〔美〕海莲·汉芙 著　程应铸 译

南海出版公司

新经典文化股份有限公司
www.readinglife.com
出　品

献给伦敦市民

目 录
CONTENTS

飞离纽约

按理，这该是我此生最快乐的一天，一九七一年六月十七日，星期四。上午十点钟，英国海外航空公司的班机从纽约肯尼迪机场准时起飞。蓝天无垠，阳光灿烂，用了一生的等待，我终于踏上去伦敦的旅途。

然而，我对独自出国旅行深感恐慌，何况我是做了一个意料不到的外科手术刚出医院的人（我平时就害怕一个人去皇后区或布鲁克林区，我担心迷路），万一有差错，没有人来接机，我真不知道如何是好。尤其是那只借来的猛犸象似的旅行箱，我简直对它束手无策，挪都挪不动，更别说随身携带了。

一年又一年，我盘算去伦敦进行一次朝圣之旅，可到头来总在最后一刻被一些突如其来的急事给搅黄，通常总是经济上的不力。而这一次有所不同，从一开始，似乎就得到上苍的垂顾。

我写了一本名为《查令十字街 84 号》的书，它在纽约付梓几个月之后，一位名叫安德烈·多伊奇的伦敦出版商把它带去英国出版。他写信告诉我，这本书的伦敦版会在六月推出，希望我去那里为这本书的发行助阵。考虑到他欠我一小笔“预付款”，我回信请他把这笔钱替我存放在他的办公室里。我思忖，如果省吃俭用，够我在伦敦逗留三周。

三月，《读者文摘》买下了我的一篇文章，内容是关于书迷给我的来信的，我有幸用《读者文摘》的支票买了英国海外航空公司的机票和一些价格不菲的衣服。末了，还支付了外科医生的巨额账单。

由于这次手术，好心的捐助从各个地方纷至沓来。我所属的民主党俱乐部没往医院送鲜花，他们送来的是英国哈罗德百货公司的礼品券。一位刚从伦敦回来的朋友从门下的缝隙塞进一沓英镑，上面贴了标签：“请用于购买戏票。”我的一个兄弟过来看我，给我一百美元“带着去巴黎”，我没有去巴黎的意愿（除了伦敦，我从未想过要去其他哪个城市！），但是，这一百美元倒是实实在在的，意味着我在伦敦可以多待一个星期，外加少许像出租车和美容师这样的零星花销，如此，在经济上我已做好了充分的准备。

临行前一天晚上，两位朋友为我举行了送别派对。我打点行李劳累了一整天，浑身上下像是散了架，所以提前告辞，躺到床上，直到半夜方才入睡。凌晨三点猛然醒来，腹中一阵绞痛，耳畔一个声音在问："你是怎么回事！独自一人跑去三千英里之外的异国。你甚至还未痊愈！"

我跳下床，一阵歇斯底里大发作，来了杯马提尼，再来两支烟，再回到床上，整个下半夜就在琢磨着发个电报说我不去了。

看门人保罗开车送我去机场。我排队等候检查护照，一只手拿着外套、围巾、杂志以及一件多余的毛衣，而另一只手不得不提着我的深蓝色新套装裤，自从手术之后，这裤子松了一把，老往下滑。

和事情悬而未决相比，排队站着，心里反而踏实多了。机场工作人员终于放行让我登机，我飞快地滑到靠窗的一个座位上，意识到接下来的五个小时里我可以纹丝不动地坐着，心里美滋滋的。果真，不用自己动手，有人给我拿来三明治和咖啡，又有人为我端来马提尼，末了，又有人来把一切收拾干净。我开始松了口气。

当我彻底放松的时候，那个声音又在耳畔响起，问万一出了问题没人接机，我打算怎么办？为了抑制恐慌，我从肩包里拿出信件，一封封地读起来，那些信简直成了我的救生索！

第一封信来自卡门，她是安德烈·多伊奇手下负责宣传的女孩。

亲爱的海莲：

我已确认了您预订的六月十七日在凯尼尔沃思酒店的房间。它距多伊奇公司不远，所以您不会感到太孤单。您的书将在六月十日出版，很遗憾这个日子您不能赶到，但我们非常高兴您正在康复中。

我们大家都期盼着十八日和您的会面。

由于一时失误，我订了两间客房，一间在凯尼尔沃思酒店，一间在坎伯兰酒店。这是因为听从了一位经常游走江湖的朋友的忠告，以防抵达时有一处没落实好。我将先去凯尼尔沃思酒店，它更便宜。

第二封信是诺拉·德尔在最后一刻匆匆涂写的。《查令十字街 84 号》是一个我和伦敦一家书店——马克斯与科恩书店——二十年来的通信故事，特别是和它的采购主管弗兰克·德尔的通信，他的突然逝世触发了这本书的出版，诺拉是他的遗孀，希拉是他的女儿。

海莲：

星期四晚上十点，希拉和我将会在希思罗机场等您出现。我们俩都非常激动。

祝您旅途愉快。

诺拉

第三封信来自一位英国人，他在看了《查令十字街 84 号》之后，给我写了一封热情洋溢的信，问我最终会在何时来伦敦一游。我去信告诉他，他又回信说：

我是一位退休的出版人，如今在伦敦机场工作，如果有什么我可以效力的，请只管差遣我！我能接您下飞机，陪您通过海关和移民局的检查。任何接您的朋友，必须在您出海关后才能见到您；而我，能在您的纤纤秀足踏上英国土地之前，接您走下飞机。

我丝毫想不出他打算用什么法子，但是我还是非常希望他能把我的纤纤秀足带下飞机。对海关和移民局，我是一无所知！

还有一封书迷的来信，出自一位美国教授的妻子之手，她丈夫来牛津大学任教已有一年，邀请我到牛津大学做客。另一封书迷的来信是一位居住在伦敦的美国人写的，想要带我进行一次徒步旅行。还有一封信来自琼·埃利，她是纽约的一位退休演员。因为这本书的问世，我和她见过面。

亲爱的海莲：

我已经写信向一位伦敦的朋友介绍了您。他是一位老伊顿人，比我遇到的任何人都更熟悉伦敦，以前我从来没这样难为过他，但是我写信告诉他，要他必须带着您这位稀客游览伦敦。他的名字叫帕特·

巴克利，会在凯尼尔沃思酒店和您见面。

我不想对您说：玩得快活！因为您不可能不快活。

琼

又及，坚持写日记。您会碰上太多太多的事，没有日记，您怎么可能事事记得？

我一遍又一遍地读这些信，还检查了好几回我的护照和疫苗接种证明。我玩味着一张别人给我的英国硬币卡片，我读英国海外航空公司的一本小册子，此前没有时间阅读它，我翻到“你在旅行中要携带什么”。上面列有二十三种物品，有十四种是我没带的：

三套换洗衣服

两件背心

两副手套

一顶或几顶帽子

女式两件套毛衣

女式羊毛披肩

晚礼服

晚装包

晚装鞋

女式紧身褡

我带了三套裤装、两条裙子、几件毛衣和衬衫、一件亮白色的运动上衣和一条连衣裙。连衣裙是丝绸的，时髦而昂贵，附有一件与之相配的外套，用以应付晚间的重要活动。

我拿出伦敦游览地图，专注地看着。我只能按上下左右来识别它，但是我对关键的地方做了标记——圣保罗大教堂、威斯敏斯特教堂、伦敦塔——我在整张地图上标出了要步行游览的线路。关键的地方我得等到行程的尾声，但愿那时我能站得更久一些，不过其间我能够在城内随意走走看看。（我发觉只要我在走动，身体反而好受些。）

我的心彻底平静下来并开始泛起快乐的涟漪，直到机舱通话装置里一个声音发出通知：现在是英国时间晚上九点零五分，五分钟之后，飞机将在希思罗机场降落，现在伦敦正在下雨。

“别慌，”我对自己说，“只是做个决定，现在如果诺拉和希拉没来，如果那个在机场工作的糊涂虫忘了今天是我抵达的日子，该怎么办？”

我决定，我会在电话簿里查询诺拉和希拉·德尔，然后打电话给她们。如果她们没接电话，我会指望多伊奇的属下卡门。如果她也没接电话，我就走过去找一个机场公职人员，对他说：“打扰一下，先生，我刚从纽约到达，我有一只衣箱，我拿不动，我不知道凯尼尔沃思酒店在哪里，我身体欠佳。”

飞机开始下降，旅客们走来走去，收拾他们的随身行李。我没有手提行李，僵坐着，对自己说如果没人来接，就坐在机场里，直到下一班往纽约的飞机起飞，干脆让它载我回家。就在这一刻，那声音再度在舱内的通话装置里响起：“谨请汉芙小姐，可否向一位机组人员自报一下身份？”

我一跃而起，举起空着的那只手（另一只手始终提着裤子），只是发觉眼前并没有工作人员。其他旅客在排着队下飞机，并好奇地看着我，我涨红了脸，却又如释重负，我用空着的手拿起所有物品，排到队伍尾端。此刻，我知道有人接我了，我有点儿眩晕，如醉如梦，我从来不曾巴望自己真的能够来到伦敦——我终于来了！

我走近一个女服务员，她正在和下飞机的旅客挥手道别，我告诉她我就是汉芙小姐，她指着坡道的底部说："那位先生在等您。"

就是他，一个铁塔似的大高个儿，"老顽固毕林普上校"[①]，他脸上露出灿烂的笑容，伸出双臂，等着将我的纤纤秀足带上英国的土地。当我走下斜坡去跟他会合的时候，我想："琼说得太对了，我得写日记。"

①毕林普上校，英国20世纪30年代的漫画人物，因固执不化而成为"老顽固"的代名词。

六月十七日　星期四

午夜

这张床的床头板里，有一台无线电收音机，英国广播公司刚刚和我道了晚安。这里一到午夜，整个无线电系统都悄然入睡。

成功抵达。

“海莲，亲爱的！”上校瓮声瓮气地说，弯腰吻了一下我的脸颊，没有人会相信，此前，他是连目光都未曾接触过我的陌生人。这是一个巨人般的男子，浑身洋溢着快乐，长着簇状的灰白眉毛和白色鬓须，还挺着一个硕大无朋的肚子，让你未见人先见肚。他迈着大步出去检查我的行李，腰板笔挺，犹如吉普林《老英贾》中的一个老爷。他回来时，后面跟着一个行李搬运工，带着放在手推车上的行李箱。他用一只手挽着我经过移民局和海关，隔着桌子亲切地和他们打招呼：“这是我朋友！”这就是我对移民局和海关的全部印象。

“好啦！”他说，“没弄丢你吧？”

我告诉他诺拉和希拉·德尔在这里的什么地方等我。

“她们什么模样？”他问，扫视着拥挤在一条绳链后面的人群，这绳链用来围住机场抵达区。

“我不知道。”我说。

“她们可有你的照片？”

“没有。”我说。

“她们知道你穿什么吗？”他又问。

“不知道。”我说。

“可是我亲爱的姑娘！”他瓮着声音说，“那你怎么指望能找到她们？在这儿等着。”

他把我留在一个问询处前面，大步离开。片刻以后，从扩音系统传出一个声音，要求德尔女士来问询处——一位漂亮的黑发妇女俯身从隔离绳下钻过，径直来到我面前，把一束玫瑰花塞到我怀中，吻了我。

“希拉说那是你！”诺拉说，带着一股浓郁的爱尔兰土音。“我们盯着每一个出来的女人。我说‘这个太金发碧眼，那个太过平庸’。希拉只是不停地在说‘是身材纤小的那个，身穿长裤套装，她看上去有点儿激动。’”

上校赶到，相互做了介绍，我们出去找诺拉的车。她和希拉坐进前座，我坐在后面，上校说，他会在自己的车里跟着，除非诺拉希望他来引路，她认得去坎伯兰酒店的路吗？

“是凯尼尔沃思酒店。”我纠正。我解释了预订两个酒店客房的原因，上校惊骇地注视着我。

“咳，假如那样的话，”他大声吼道，“某个你毫不相识的人在坎伯兰酒店放了满屋美丽的玫瑰！”

他开车离去，到坎伯兰酒店去要回他的玫瑰，而我怀里抱着诺拉的玫瑰也随车离开，去凯尼尔沃思，心中美美地念着，“一路上都是玫瑰，玫瑰”。我搜肠刮肚，想要记起是谁写的。

我们沿着公路行驶，天暗下来，下起了雨。我想，这也许是一条通往任何城市的公路，而不是那座我一生一世都在等待去见识的城市的道路。诺拉数落我，因为我没住到北伦敦她和希拉的家里（“弗兰克一直希望你来我们家做客！”），当我们进入伦敦时，她俩不约而同地指着路牌说：

“那是皮卡迪利大街！”

“这里是伦敦西区。”

“这里是摄政街。”

最后，希拉说：“到查令十字街了，海莲！”

我看着黑暗模糊的窗外，想说一些应景的话，但是我能够看到的只是狭窄潮湿的街道和一些亮着灯的服装店橱窗，这和克利夫兰[①]的市中心又有什么不同！

“我到了，”我说，“我在伦敦，我做到了。”可是在我的心底，却觉得这不是真的。

我们的车开到了布鲁姆斯伯里街，在一个幽暗的街角找到了凯尼尔沃思酒店。它是一座古旧的赤褐色砂石建筑，里面的大厅给人一种穷装门面的感觉，很适合我。

我登记入住，一位年轻的接待员交给我一些邮件，然后诺拉、希拉和我乘电梯上楼去察看352号客房。房间看上去舒适宜人，低垂的窗帘挡住了窗外的雨景。诺拉像是

① Cleveland，美国俄亥俄州东北部海港城市。

个颇有见地的旅居老手，从门口打量着房间，拉大嗓门说：“很不赖，海伦。”

“我的名字叫海莲呀。”我说。

她显得有些吃惊，但又有些不以为然。

“我已经叫你‘海伦’二十年了。”她说，目光转向洗手间，里面有一个淋浴隔间，但没有浴缸。“你瞧这个，希拉，她有自己的‘卢（loo）’！”

“卢”是抽水马桶的俗称，希拉认为这个叫法来自滑铁卢。

我们回到楼下，发现上校在沉寂的大厅里余怒未息：原来他在坎伯兰酒店的包裹间里找到了他的玫瑰，它们全都半死不活地躺在地板上，气得他和管理人员唇枪舌剑了一番。

我们进入餐厅，里面空荡荡的，但还在营业中。上校找来一名年轻的西班牙服务生，他说他的名字叫阿尔瓦罗，让我们随意选择了三明治、茶或咖啡。

“你烟抽得太凶了，海伦。”我们点餐之后，诺拉一脸认真地说。

“我知道。”我说。

“你也委实太瘦了点，”她继续说，“我不知道那是个什么破外科医生，竟然准你手术后立马出来奔走。子宫切除可是个大手术。”

“是的，妈妈。”希拉温和地说，带点儿她的大学口音。她和诺拉交换了一个眼神，诺拉咯咯地笑起来。她们可真行，谈话默契，相互补充对方的意思，你绝不会想到她们是继母和继女。希拉是一个充满魅力的女孩，二十多岁，说话干脆直爽而又淡定沉稳。(“像弗兰克。”诺拉告诉我。)

诺拉惊讶地发现：她和上校都在两年前丧偶。上校有一个孩子，是个女儿，星期六要在乡下结婚。

“我说，你们三个姑娘何不穿上最漂亮的衣服，来参加婚礼？”他豪爽地发出邀请，“我肯定这是一个不同凡响的婚礼！”

我婉拒了，显然，诺拉认为如果我不去，她也不方便去，所以她也婉拒了，尽管显得有些迟疑。(“我和他不熟，海伦。”当我和她单独在一起时，她这样说。我说：“谁跟他熟呢？”)

他们在十一点钟离去。诺拉说，明天让我休息，放松一下筋骨，星期六会打电话和我商量访谈的事。(“我们将一起接受英国广播公司的采访！你让我们全都红了！”）

上校说，他要在乡间住上一个星期，回来后会打电话给我：“安排一个短程旅行，去我们无与伦比的乡村。”

我回到楼上，从行李中取出一些东西，带着信件爬上了床。

有一张来自埃迪和伊莎贝尔的明信片，两人是我家乡的老朋友。星期一他们会来城里，接我去观光。

有一封便笺来自多伊奇公司的卡门：

欢迎莅临！

我知道您此刻疲惫不堪，但是明天上午十点钟，我们恐怕得和一位《标准晚报》的记者一起和您见面。十点钟前会有人来接您。

星期六下午两点三十分，英国广播公司要在《周末世界》节目中采访您和德尔夫人。

星期一下午三点三十分，《妇女时分》节目有一个采访，也在广播电台。

星期四，访问书店，包括马克斯与科恩书店（它已停业，但是店屋还在，我们要在那里为您拍照）。

下午两点三十分，在隔壁，即查令十字街 86 号的普尔书店里，会有一个签名售书派对。

星期四晚上，安德烈·多伊奇将为您举行一个欢迎晚宴，届时您会与多伊奇公司的员工及一位著名的新闻记者会面。

一想到要记住所有这些日期，我的心弦就紧绷起来，我下了床，在一本袖珍备忘录里逐日做了记录。让我尤为不安的是我不知怎样向卡门吐露：我不想拍什么照片，我是那么地神经质，我不喜欢自己这副“尊容”。

我躺在床上听着雨水的淅沥声，一切都是虚幻的。我在一个舒适的酒店客房里，那又能怎样？这在哪里都可以有。等待了这么些年以后来到了伦敦，然而意义何在?！我唯有的感觉就是失望，我的内心涌出一个想法：这整个旅行就是画蛇添足的愚蠢之举。

六月十八日　星期五

闹钟在八点钟准时响起，我下床走到窗边，急于知道是否还在下雨。打开窗帘——啊，只要我的心还在跳动，我就永远忘不了这一刻。街对面，一排整整齐齐的狭窄砖屋俯伏在那里，仰视着我，门前都有清一色的白阶梯。它们是地地道道的十八世纪或十九世纪住宅，一看见它们，我就知道我是铁定无疑身在伦敦了。我一阵眩晕。我遏制不住内心的冲动，想要奔上街去。我抓起衣服，冲进淋浴室，与我所见到的最要命的淋浴器打了一场败仗。

淋浴室是一个四英尺的小隔间，只有一个水龙头，它是不可调节方向的，对准了后面的角落。旋开龙头，水是冷的，继续旋动，等到水温够热可洗淋浴时，水量已被你开到最大一挡，倾泻而下，这时你爬进去蹲在后面的角落里，接受水的洗礼。一旦失手让肥皂落下，我那价值十五美元的发型便立刻付诸东流，因为水柱把我的淋浴帽从头上打落。关上龙头，谢天谢地，我跨了出去，却一脚踏进四英尺宽的水塘。我花了足足十五分钟，用浴垫和两条浴巾去擦拭地面，让它们吸足水，再把它们拧干，吸水、拧干，吸水、拧干。幸好我关上了洗手间的门，否则我的行李箱就要顺流而去了。

早餐之后，我冒雨出去观赏那些住宅。这座酒店在大罗素街和布鲁姆斯伯里街的交角上。它面对作为商业街的大罗素街，我从窗口看到的住宅就坐落在布鲁姆斯伯里街上。

我沿着街道慢慢踱步，打量着对面的屋子。来到拐角，走进一个隐秘的小公园，名叫贝德福德广场。它的三面都有一排排整齐、狭窄的砖屋，这些住宅更加漂亮，保养得非常完善。我在公园长椅上坐下，看着这些屋子。我的心在震荡，我一生从来没有如此快乐过。

我一生都在期盼来伦敦看看，过去我常去看英国电影，仅是为了领略这样的屋子。在黑暗的电影院里，我注视着银幕，我如此热切地想要走进那些街道，这种如饥似渴的冲动在噬咬着我。有时晚上我在家里，读到一段黑兹利特或利·亨特对伦敦所做的恣意描写，我会突然扔下书，被一阵渴望的波澜吞没，好似坠落在乡愁的深井里。我想看伦敦，犹如老人在临死前想要看自己的家。我曾经对自己说，对一个生来就和莎士比亚的语言结缘的作家和书迷，这是很自然的感觉。但是，此刻坐在贝德福德广场的长椅上，我想到的不是莎士比亚，而是玛丽·贝利。

我有非常复杂的血统，其中包含一个名叫贝利的英国贵格会教徒家庭的血统，那个家庭有个女儿叫玛丽·贝利，一八〇七年生于费城，她是我儿时唯一感兴趣的祖先。她留下一件绣花样品，我曾常常凝视它，希望它能告诉我她是什么样子的人。我也不明白我为什么想知道。

坐在贝德福德广场，我提醒自己，玛丽·贝利生于费城，死于弗吉尼亚，从来没有看过伦敦。但是那个名字一直留在我的脑中，也许她是一个同名的人。也许那是她的祖母或是想要再回家的曾祖母。坐在那里，我只知道，某个早就逝世的玛丽·贝利终于找到一个子孙替她回家了。

我返回旅馆，把自己重新打扮了一番，这样可以给多伊奇的团队留下一个好的印象。我刷了刷我的深蓝短上衣（这在老家美国简直就是天方夜谭），我花了足足半个小时，将我那条红白蓝三色的新围巾打成阔领带的式样，如此，我看上去会像个英国人。然后我下楼去大厅，身子笔直地坐在靠门的一张椅子上，我不敢动，害怕弄乱我的装束，直到一个年轻的秘书闯入，陪我沿着大罗素街直上三个门面到了多伊奇公司。

我和卡门见面了——她非常敏锐、精干，模样惹人注目——接受《标准晚报》一位名叫瓦莱丽·詹金斯的记者采访，她很年轻、富有生气。采访结束后，我们三人加上一名摄影师挤进一辆出租车，卡门对驾驶员说："查令十字街 84 号。"

我感到有些紧张，我知道此刻是在去那个地址的路上。我从查令十字街 84 号买了二十年的书，结交了那里一些从未见过面的朋友。我从马克斯与科恩书店购买的大多数书也许在纽约也能淘到，多年来我的朋友建议我"去奥马利书店试试""去多贝与派因书店试试"，我从来没有另辟蹊径，我想和伦敦保持牢固的联系，我无愧于此，我成功地坚持下来了。

查令十字街是一条狭窄的充塞着下等酒吧的街道，交通阻滞不畅。一家家旧书店沿着街道排列，在门前敞开的摊位上堆满了旧书和旧杂志，四下里有人漫不经心地在蒙蒙细雨中浏览旧书。

我们在查令十字街 84 号下车，多伊奇公司已经用书把空着的橱窗塞满。橱窗后面的店堂非常幽暗，里面荡然无物。卡门到隔壁的普尔书店拿来钥匙，让我们进入这家昔日的马克斯与科恩书店。

两个大房间已经被清空，一目了然。甚至沉重的橡木架子也被扯离墙壁，翻倒在地板上，布满了灰尘，成了无人过问的弃儿。我上了楼，进入另一层空旷阴森的房间。贴在窗上用来拼成“马克斯与科恩书店”的字母，从玻璃上被撕下来，有一些躺在窗台上，它们的白色油漆碎裂，剥落。

我开始走回楼下，心中想着一个人，现在已经死了。我和他通了这么多年的信。楼梯下到一半，我把手放在橡木扶手上，默默对他说：“怎么样，弗兰克？我终于到了这里。”

我们走到外面——我站在那里，任他们摆布拍照，那副顺从的样子就像我惯于此道。我如此急切，只为留下一个好的印象，不给谁添任何麻烦。

当我返回酒店，服务台上有一封信。来自帕特·巴克利，那位老伊顿人，说是琼·埃利去信谈到我。

没有称呼，单刀直入：

琼·埃利来信说你第一次到访这里。星期日七点三十分，你能赏光来用个晚餐吗？——我们会开车四处转转，领略一下老伦敦的风采。

星期六或星期日早上九点三十分之前给我电话。

草就

P. B.

六月十九日　星期六

极为沮丧的一天。

刚用完早餐，我就打电话给帕特·巴克利。

“噢，是的，”他腔调十足，“喂！”

我告诉他明天晚上我很乐意前来用餐，问他是否有其他人参加。

“我可不是为你举行一个晚餐派对！”他不耐烦地说，“琼写信给我，说你想了解伦敦！”

我嗫嚅地说，我很高兴没有别人，我这样问，只是为了知道穿什么衣服。如果只有我们，那我就可以穿长裤套装了。

“哦，上帝！你必须这样吗？”他说，“我不喜欢女人穿长裤。大概是我比较老派吧，可我总觉得你们女人穿长裤就是骇人。好吧，必须穿的话你就穿好了。”

这里的气温是五十华氏度，下着雨，我才不想为了他而吃力费劲地套上夏天穿的裙子。

诺拉刚打电话来，今天下午两点钟，她会来接我去做访谈。

“你现在就在大英博物馆的后面，海伦，”她说，“还是坐到阅览室去吧，那里非常清静。”

我告诉她，在纽约我参观了太多的博物馆，但上帝知道，我也坐够了阅览室。

我现在就去雨中跋涉，游览一下布鲁姆斯伯里街。

午夜续记

诺拉和我在广播电台接受采访，它是我在这里看到的唯一的大型现代建筑，不过，但愿别再让我看到诸如此类的玩意。它简直就是一个可怕的怪物——一块巨大的半圆形花岗石，看上去臃肿肥胖。这里的人不懂什么是摩天楼，而纽约人除了摩天楼什么也不懂。

那位采访者是百里挑一的好手，她首先告诉无线电广播听众，虽然诺拉和我通信长达二十年之久，但我们还从未见过面。然后她转向我们，问我们对彼此的看法：现在我们见面了，感到有什么落差吗？如果我们从未通过信而只是刚刚见面，我们会喜欢对方吗？

“瞧，这都对我问的什么问题？”当我们出来的时候，诺拉表示质疑，“如果我们刚刚被介绍认识，我怎么会喜欢上你。我怎么知道我会不会喜欢你？我认识你已有二十年了，海伦！”

她开车载我离开波特兰广场街，穿过摄政公园地区，我 看到这里的景色就禁不住心荡神摇了。我们经过温坡街[①]和哈利街——我待在车里，觉得像是被锁在一只铁箱里，苦于不得出，但外面正下着雨呢。我要在放晴的第一天就步行来这里重游。

那里有一座由纳西[②]屋构成的弯月形建筑——我对纳

---

① Wimpole Street，伦敦威斯敏斯特市的一条街道，1838 年诗人伊丽莎白·芭雷特和家人搬到该街 50 号，直到 1846 年和罗伯特·勃朗宁私奔。而根据他们爱情故事写成的戏剧《温坡街的芭雷特一家》使温坡街家喻户晓。加上萧伯纳的名剧《皮革马利翁》(后改编成音乐剧《窈窕淑女》)中的亨利·希金斯的住所也在温坡街，使这条街成了伦敦的一条文化名街。
② John Nash（1752－1835），英国建筑师，是英国摄政时期伦敦的主要设计者。常设计围着公园或广场的半月形建筑。

西所处的时代知之甚少，但是他建造的大量高大白色住宅，还在散发着博·布鲁梅尔[①]和蒂则尔夫人[②]的浮华气息——雨短暂停歇的时候，我们下了车，坐在公园的长椅上，如此，我能近距离观赏那座弯月形建筑。我们憧憬着如果来世生于豪门，该买下哪一栋楼。

诺拉告诉我，战前她作为一名穷困的女仆从爱尔兰来到伦敦，在一座贵族府邸做厨娘，成天切极薄的面包片做黄瓜三明治。

她开车带我去她家用晚餐，她住在海格特区，弗兰克去世、他小女儿结婚之后，她和希拉在那里买了一间屋。途中我们的车经过汉普斯特德荒野，诺拉在公墓边停车，卡尔·马克思就葬在这里。大门锁了，不过，透过墙我能看到他。

她们的屋子在北伦敦山坡高处一条诱人的城郊街道上，满目是火红的玫瑰，家家都有一个玫瑰盛开的花园。这里的玫瑰就像美国新英格兰的秋天那样绚烂多彩：不单

---

① Beau Brummell（1778－1840），英国著名的纨绔子弟，以其时髦服装和举止闻名。

②英国作家理查德·谢里丹的喜剧《造谣学校》中的人物。

有红色、粉红色和黄色的，还有淡紫色、蓝色、紫色和橙色的。每种颜色的玫瑰都有它独特的香气，我在诺拉的花园里漫步，闻着花香，如痴如醉。

我们享用的甜点是草莓加浓稠的英国奶油。当诺拉吃到最后一颗草莓时，她抬头看着希拉，一脸沮丧，她说："结果又是'永不'，希拉！"

她边吃边数，照着昔日童谣里的韵律："今年，明年，某天，永不。"想猜出什么时候能再婚。当结果是"永不"时，希拉必会哄她，安慰她。与其说希拉是她的继女，倒不如说更像是她的母亲。

诺拉剪了一大束新鲜玫瑰给我，希拉开车送我回旅馆。她在一所城郊学校教书，有两个男人追求她，我估计这两人都令她厌烦，她还没遇到那个她想要嫁的人。

一走进酒店，只见大厅里沸沸扬扬，原来是因为《标准晚报》的采访报道。一个前台侍者为我保留了一份晚报。

摘录：

她走进伦敦，精心打扮，身穿漂亮时髦的深蓝萨克斯[1]长裤套装，一条印花丝绸围巾尽显法国时尚。

费了九牛二虎之力想把围巾系成领巾的样子，居然成了“法国时尚”，平生轶事一桩！

你无法想象，当有人称我时髦的时候，给我的感觉是何等滑稽可笑。我穿的是平素一贯穿的衣服。这些年来，我被看成是个波西米亚异类。譬如说我的嫂嫂艾丽斯，每年会为了给我找一个单肩包作圣诞礼物而累得半死，因为我不用手提包，而除了我没人用单肩包，所以没有制造商乐意生产它们。（用手提包的话，你得在钱包、眼镜和烟盒之间三选二，兴许这样你才关得上你的手提包。）我也不会穿高跟鞋，因为我爱走路，要是脚痛，根本走不了路！我天天穿牛仔裤和休闲裤，因为冬天穿裙子不挡风且走路碍事。再说，如果你穿裤子，即使长丝袜上钩了个洞、漏了针也没人知道。

就这样，长年以来，我就是那一身恐怖的装束，不论跑到什么地方都是平底鞋、长裤和单肩包。现在我还是到

---

①萨克斯百货，美国著名的大型零售商。

哪儿都这样——在一向都是素面朝天和不合潮流之后，一下子时髦了，以至于我的长裤套装也得到《标准晚报》的狂热好评。

六月二十日　星期日

早餐后，我带上地图外出，去浏览布鲁姆斯伯里街上的景色。迷了几次路，看来地图上位于左边的街道，不一定是在你所站位置的左边。不管我想去哪里，都有各种各样的绅士从雨伞下探出身子，为我指路。

午餐后，天气转晴，此刻我在社区的一个公园里，躺在一把被雾气渗透的折叠躺椅上。离旅馆很近的地方有三个丁点儿大的公园，我所在的这座公园就在大英博物馆再过去一点儿。大门上的标牌上写着：

罗素广场

请把垃圾带走

遛狗者

请管好
你的狗

广场中央有一个玫瑰园，它环绕着一个很实用的、供鸟戏水的水盆：一块大理石板的中心喷出一条细小的水流。鸟儿可以站在周围饮水，洗羽毛，而不被溺死。嗨，不管是谁设计了它，盼望他快去解决那个英国淋浴器的问题。

一个身穿制服、上了年纪的先生走来，对我欠了欠身，然后说："请付四便士。"

是因为使用了这把折叠躺椅。

他为这样的天气而抱歉，他和我是这里仅有的两个人。我说这场雨对玫瑰的生长可是天赐的甘露，他告诉我，伦敦广场的园丁每年会进行竞赛，看谁的玫瑰长得最好。

"我想今年我们的小伙子有可能会赢得头筹。"他说。我告诉他，我肯定会为罗素广场的园丁擂鼓呐喊。

得换上我那件深蓝色的套装去见帕特·巴克利了。或者干脆从简，就穿身上这件咖啡色的，因为天气不好而求其次。

午夜

我在床边已经足足坐了一个小时，茫然不知所措。我告诉他，如果我今晚死了，我死得快乐。我的快乐都在这里，所有的快乐都在这里。

帕特·巴克利住在拉特兰门，在我的观光地图左侧边缘下方的骑士桥或肯辛顿，我叫了辆出租车。拉特兰门由一些白色的石头屋组合而成，它围出一个绿色的广场。伦敦的所有屋子都绕着一个绿色广场，于是到处都像是有小小的绿洲。

他有一套底层公寓，我按响门铃，他打开门，说道："你好，你顺利找到了。"

他颇瘦弱——体形单薄，面容清癯，看不出有多大年龄——说话有一种柔和而又近于尖利的英国口音，非常悦耳，而且不卑不亢。他接过我的上衣，把我引入他那间具有奥斯卡·王尔德唯美主义风格的客厅，在一方墙上，挂着一幅他母亲身穿宫廷礼服的全身像。靠着另一面墙的是一个玻璃柜，里面放着他收集的名人名片盒——是一些小的方盒子，有金的、银的、玛瑙上嵌有珍珠的、象牙上饰有金丝的，看不到有任何两只是雷同的。收藏是他的业余嗜好，这些藏品令人目不暇接，真有些眼花缭乱。

他递给我一杯葡萄酒，当我告诉他我觉得伊顿公学是一所魅力无比的学校时，他拿来他的伊顿毕业班纪念册，让我看他读书时的宿舍照片。

我们来到餐厅用晚餐，坐在铮亮的红木桌边，上面摆着沉甸甸的英国餐具。他有一个“朝来夜去”的女仆，为他和他的客人留下冷食作为晚餐，离开前会煮好咖啡，在桌上摆好餐具，餐具的摆设和我们老家一样——叉在左边，刀和匙在右边——但是放在餐盘上面的是一把牡蛎叉和一把汤匙。我让他先用，这样就能知道用它们做什么。

我们吃了鸡肉沙拉，然后是奶油草莓——这就是使用那两把叉、匙的原因：用牡蛎叉叉起一个草莓，用汤匙舀起一匙奶油，再把草莓转移到匙内，然后“吸溜”一下咂进嘴里。

晚餐之后，我们坐上他的车，他也不问我想去哪里看看，径直把我载到环球剧场遗址的街角上，那里已是一块空地，现在什么也没有了。我让他停车，我下车站在那块空地上，只感觉激动得脑子像要炸开。

他随后也下了车，我们在附近幽暗的小巷里徘徊——莎士比亚的小巷，它们风采依然。还有狄更斯的小巷：他指给我看那个“机灵鬼”[①]的雕像，他正从一座石头古建筑的窗口鬼鬼祟祟地探出脑袋。

他带我到一家名叫乔治的酒馆，为我推开门，用他那柔和中性的声音说：“莎士比亚常常来这里。”

也就是说，我经过一扇莎士比亚曾经进入过的门，进入一家他熟悉的酒馆。我们坐的是一张靠后墙的桌子，我头朝后仰，靠到了墙上，莎士比亚的头曾经碰触过它，想到这里，心中泛起一阵不可名状的快意。

酒馆很拥挤，人们站在吧台边，所有的桌子都坐满了人。我突然对所有这些麻木不仁的市民恼怒起来，他们吃着喝着，却对自己身在何处没有丝毫感觉，我声色俱厉地说：“如果不是因为这些人在这里，此刻我能够想象莎士比亚就走进来了。”

话一出口我就知道错了，在我能够纠正之前，他说：“哦，不。这些人和以前一样。”

---

①又称“躲藏能手”，是狄更斯小说《雾都孤儿》中一个小扒手的绰号。

的确，他们是同样的。我重新再看，有个一头金发、满脸胡子的沙洛法官[1]在和酒保说话。沿着吧台更远处，织工博顿在对尖嘴猴腮的巴道夫[2]讲述他的深重烦恼。而我们右隔壁的一张桌上，穿着花饰连衣裙、戴着白色硬顶礼帽的奎克莉夫人[3]正笑得死去活来。

他把我拖了出去，载我去圣保罗大教堂，边开车边打着照明灯让我看。我想，至少我该走上台阶，摸一摸这约翰·邓恩的大教堂[4]的门，可明天它还在这里，有时间的，会有时间的。

他载我去看伦敦塔，它比我想象的更大、更骇人，就像一座肆意延伸的中世纪恶魔岛。我们到达那里时正好是十点钟，所以我能够看到守卫队关锁塔门的仪式。尽管他们全都身穿闪亮的黑色和深红色制服，当他们锁上这座可怖的监狱大门时，那模样冷酷、凶残，他们把黑暗也关在了里面。你会联想到年轻的伊丽莎白坐在石墙后面的某个地方，她想要写信，恳求“血腥玛丽”对她斩首时用剑而

①莎士比亚戏剧《亨利五世》中的一个角色。

②织工博顿和巴道夫是莎士比亚戏剧《仲夏夜之梦》中的两个角色。

③莎士比亚戏剧《亨利四世》中的典型人物。

④约翰·邓恩担任过圣保罗大教堂的主教。

不用斧头。

当伦敦塔的一扇扇门全被锁上之后，整个卫队行军回到那道又高又大的铁门前面，铁门升起让他们进入，然后在他们身后降下，当的一声就关闭了，这时候我身畔那个柔和的声音对我说：“在漫长的七百年中，他们从没漏过一个夜晚。”

我心中波澜顿起，即便是仅仅回溯近三百年，你会想起伦敦大火、大瘟疫、克伦威尔革命、拿破仑战争、第一次世界大战、第二次世界大战……

“他们全都按照这种仪式锁门，”我问他，“每个夜晚，即使在伦敦大轰炸期间？”

“那当然。”他说。

把这些话写到希特勒的墓碑上去，把这些话告诉那位伟大的美国爱国者韦恩赫·冯·布劳恩，拜他的“嗡嗡弹”所赐，伦敦四分之一的屋子被夷为平地。

当他送我回旅馆时，我要向他道谢，他却说：“哪里，我得谢谢您呢！大多数美国人不会这样游览，他们和我一起在车上兜个十五分钟，就急着打听多尔切斯特酒吧在哪里。”

他说他认识的大多数美国人来了伦敦等于没来。

“他们坐着一辆出租车，从希尔顿酒店去哈罗德百货公司，再从哈罗德百货去剧院，再从剧院去多尔切斯特酒吧。”

他说他认识四个美国人，在伦敦待了一周却从没离开过希尔顿酒店。

“他们整天把自己关在客房里，没日没夜地用电话和一瓶苏格兰威士忌消磨时间，弄不懂他们为什么要离开美国。”

他给了我一份伦敦景点的列表，但并没有说他本人会带我去。

六月二十一日　星期一

今天早上，埃迪和伊莎贝尔来接我去伦敦街头闲逛。伊莎贝尔是我的一个老校友，他们住在得克萨斯州。他们是我认识的人当中最传统、最保守的。

早晨天气晴朗，当他们来接我的时候，那副模样让我迷倒。伊莎贝尔身穿棉布工装裤和印花宽松衬衫，埃迪则身穿运动衫和宽松长裤。看到他们的服饰如此有别于往常的讲究和得体，这还是破天荒第一次。下午三点钟我在广播电台有个访谈，我想这之前我可能不回旅馆了，所以穿了套减价的米黄色亚麻布套装。站在他们旁边，我显得过于讲究了。

他们以前来过伦敦，已经看过各处景点，所以整个上午我们只是在购物区徘徊游荡。他们喜欢在街上边溜达边看橱窗，买些古玩和好的版画，我们就这样逛着。到了午餐时间我们正在一条街上漫步，我突然停下脚步发呆似的瞪大眼睛，因为迎面而遇的正是我心仪的克拉里奇酒店。

克拉里奇酒店是诺埃尔·科沃德戏剧里所有角色用午餐的地方，很多年里，我心中长驻着时尚之都伦敦的一些迷人偶像款款步入克拉里奇酒店的情景。

埃迪问我在看什么，我解释了一番。

“好极了，”他立刻说，“我们就在克拉里奇酒店吃午餐。”

这完全是一种出于真心的慷慨表示，豪气是他的特点，我等着伊莎贝尔反驳说“等一下，埃迪，我们这样的衣着不适合！”令我吃惊的是她没说。

“我觉得这样进去很奇怪，”我说，“让我们先回去换一换装吧。”

“他们要的是我们的钱。”埃迪冷冷地说——挽着我们俩的手臂，领着我们傲然地走进克拉里奇酒店。

我天生就是个不修边幅的人，平日在家对自己的形象毫不在意，可这是克拉里奇酒店！这是一个高贵和优雅的餐厅，周围桌上无不是打扮完美入时的伦敦人——我夹在两个快乐的得克萨斯州人中间吃完这顿午餐，他们穿着去野餐的便服，因为带我来到这个特殊的地方而由衷地高兴。

午餐之后他们陪我去广播电台，之后再继续逛街看橱窗，六点钟我们逛到剧院区。有几个人在奥德维奇剧院排队,希望在《仲夏夜之梦》开场前的最后一刻等到退票。埃迪和队伍中一个人交谈之后，走回来说：“总会有一些退票，如果现在排队，到七点钟准能拿到戏票，售票处那时会开窗营业。戏在七点三十分开场，看完戏我们再去吃饭。”

这出戏是彼得·布鲁克的导演之作，你懂的，它由国立莎士比亚剧院出演。我会不惜牺牲一周的时间去换得一张票!

我曾设法通过旅馆为诺拉、希拉和我买到戏票，这是我没看成的一场戏，可剩下的几场演出，戏票都已售罄。尽管我很想看，但也不能以现在这种灰头土脸的模样走进剧场——衣服一大早就穿在身上，脸也一整天没洗了。埃迪和伊莎贝尔，他们在休斯敦做梦也不会想到以这种姿态步入剧院，如今却准备在伦敦开先河。

对我而言，这件事从头到尾都是不切实际的：在那里排十分钟队我已经坚持不住了，更别说一个小时。一天下来，我咬紧牙关站在街上浏览橱窗，到了六点钟已是苦不堪言。我告诉他们，我想休息了，趁我这身骨架还没散在人行道上，得找个地方坐下。

他们不枉是我多年的老友，立刻放弃原来的计划，到街边一家小酒馆用餐。

直到返回旅馆，我才开始意识到他们和我都扮演了与本来面目相反的角色。

来到国外，没有一个熟人，埃迪和伊莎贝尔摆脱了许多曾经墨守的社会禁忌。来到国外，也没有一个熟人，我却学会了一整套在国内从来不屑一顾的规矩。是不是都疯了？

卡门刚打电话来，提醒我别忘了明天的签名派对及明晚多伊奇的晚餐会。我告诉她，我有一个记事日历恰好就靠着旅行闹钟，所以忘不了，早上关掉闹钟时，首先看到的是它。

我问，万一签名派对上连个人影都没有，叫我如何收场。她爽快地说，去和经理算账，他是你的书迷；二十分钟之后，说你有点儿头痛，他会给你叫辆车。

六月二十二日　星期二

我们在雨中穿行，去一家家书店巡视，店里全都醒目地摆出《查令十字街 84 号》。所有的经理和店员都笑容可掬地对我欠身致意，和我握手。等到看完第二家书店，我就对这一切泰然自若了，好像这种场合早就司空见惯。两点三十分，我们到达举行签名派对的普尔书店——简直不敢相信，人们排成一条长队正等着我的重要签名？在这样一个下雨的星期二？

他们在队伍前头为我放置了一张桌子，我坐下来，要求第一个人告诉我他的名字并稍微介绍一下自己，以便能写一些适合他的话，我没法打破我在书上签名的习惯——用一小段贴切的话来占用整个扉页。

一位来自加利福尼亚的女士砰地放下十二本书，拿出她的列表说，第一本给她住在医院里的兄弟阿诺德，能否给他写一些快乐的话？这一本给隔壁帮她浇花的普拉特太太。而这一本给她的儿媳妇帕特，能不能写上“送给帕特，来自妈妈克劳福特·维亚致帕特——”？足足十二本。我不时地朝那长龙瞄上一眼(我没戴眼镜,此刻我是名人)，对大家的久等表示歉意。他们都只是面带微笑，继续耐心站着，人有时候真是不可思议。

差不多签到了队伍的末尾，我没抬头，只是机械地说：“请把你的名字告诉我，先生？”他说：“帕特·巴克利。”语调温顺，我急忙抬头，看见他胳膊下挟着两本书，我告诉他我会送他一本。我为他的两本书签了名，他准备赠送给朋友。

他问如果星期六他“能安排一次小小的出游”的话，我是否有空。我说只要是他安排的，我都有时间，哪一天都行。他笑容焕发，说会和我联络。

签名售书活动结束，我和经理波特先生一起喝雪利酒，他交给我一封什么人留下的信，是写给我的。我把它放入肩包带回旅馆，直到刚刚才突然想起，于是拿出拆开。

亲爱的汉芙小姐：

欢迎来英国，一位从费城来的捐赠者把您的书送给我们，我们都喜爱它，就像喜爱我们所有的朋友一样。

我想知道，下星期一，即六月二十八日，您是否有时间？是否愿意和我们一起观看彼得·布鲁克导演的《仲夏夜之梦》？是在国立莎士比亚公司旗下的伦敦剧院——奥德维奇剧院——上演。有两位澳大利亚朋友和我们在一起，是两个崇拜您的书迷。

我丈夫是英国人，我也是，但我母亲是美国人。

如果您有空来参加，我们会欣喜万分。打电话给我好吗？——这样我们能够计划在哪里碰面，我们先用餐。

真诚的，

乔伊丝·格伦菲尔[1]

我觉得好像上帝从天国俯下身来，在我前额贴上了

① Joyce Grenfell（1910－1979），英国著名影星。主演过《百万英镑》《爱丽丝梦游仙境》《天堂里的笑声》等电影。

一颗金星。

我坐在这里，打扮得漂漂亮亮，身穿丝绸的酒会礼服，要去参加多伊奇的晚宴，像往常一样，提前半小时就准备就绪。我甚至不敢抽烟，害怕烟灰落在礼服上。

凌晨一时续记

服务台打电话来告诉我车到了，当我下楼进入大厅，奥托先生——凯尼尔沃思酒店的经理，郑重其事地鞠了个躬，说道："女士的车在恭候。"

跟他说了，这是我第一次也是最后一次有机会当个名人，我就姑且尽情享受了。他一脸严肃地点着头说："说的是！"他和两个担任接待员的男孩，因为所有给我的那些玫瑰、电话以及留在服务台上的便条而得益，我也一样，真的。

晚宴在一家名叫维克托的匈牙利餐馆举行。维克托是安德烈·多伊奇的亲密朋友，他们两人都是匈牙利人，但维克托更具匈牙利人的本色。他弯下身子吻我的手，告诉我，我很"迷人"，是"本月的伦敦皇后"，而我的书也同样“迷人”。我对多伊奇说：“他像莫尔纳[①]一样坦率。”

多伊奇稍稍有些吃惊，眼睛直直地看着我问道：“哦，你认识费伦克？”

不，我不认识他，而多伊奇认识。如果现在还有莫尔纳的书迷，在读到他的名字时，你应该把它发音为“费伦茨”。

晚餐安排在楼上的一个单间里，我们一行八人走上铺着地毯的楼梯，进入一间餐室，里面，一张大圆桌和葡萄酒杯、鲜花、蜡烛都似在雀跃，迎候我们的到来。我夹在一派古风、彬彬有礼的多伊奇和我未知其名的“杰出新闻记者”当中。

晚宴上，人们因为知道我要和乔伊丝·格伦菲尔会面，个个面露惊异之色。我只知道她是英国电影界的喜剧女演员，但是她的个人秀在当地更领风骚，而我孤陋寡闻到从没看过。她收集素材，自编自演，她的戏总是场场爆满。所以，现在要和她会面，我当然有点儿如履薄冰。

喝咖啡时，有人递上一本《查令十字街 84 号》，让桌

① Ferenc Molnar（1878－1952），著名美籍匈牙利剧作家、小说家。

上的所有客人为我签名留念。在签名的上方，有人写了一句华美的颂词，赠给“一位兼有天赋和魅力的作家”，还写了其他一些社交辞令。多伊奇边朗读它，边激动地频频点头，签上了他的名字，意气飞扬地把书递给我看。维克托读了之后说：“是的，是的，正是如此！”签上了他的名字（“你忠诚的！”），再次吻我的手。餐后甜点是一个裱花蛋糕，上面用粉红色的糖液裱出：“欢迎海莲。”

午夜回到旅馆，我旋风般进入大厅，我通知奥托先生和服务台上的男孩：从现在起，我将被称为布鲁姆斯伯里的女公爵。或者至少是布鲁姆斯伯里街的女公爵。

这两个接待员是从南非来的学生。其中一人几天后必须回去，另一个则喋喋不休地告诫他：“如果警察跟踪你，把我的地址烂在你的肚子里。”

六月二十三日　星期三

一位珍本书经销商请我和诺拉用午餐，席间诺拉讲了一个古怪而离奇的故事。

我推测书商和演员一样，喜欢结帮抱团，与弗兰克和诺拉相交十年之久的最亲密的朋友，是一位名叫彼得·克罗格的书商和他妻子海伦。德尔夫妇和克罗格夫妇是形影不离的朋友，尽管两个男人是商业上的竞争对手。在一个跨年夜，德尔家举行了一个派对，海伦·克罗格身穿一件黑色的长晚礼服赴会，尽显异国风情。

“海伦，你看上去像个俄国间谍！”诺拉说。海伦大笑，彼得也乐不可支。几个月之后，诺拉捡起晨报，五雷轰顶的是，海伦和彼得·克罗格的确是俄国间谍。

“所有的新闻记者蜂拥而来，挤满了屋子，”诺拉告诉我，“竟然都愿意出几千英镑，要我告诉他们关于‘那只戒指’[①]的故事。我对他们说，我唯一知道的戒指就是我的结婚戒指。”

她去监狱探望克罗格夫妇，彼得问她，是否记得她曾说过海伦像一个俄国间谍。

“那句话一定使他们大吃一惊。”我说。

“我不知道，”诺拉说，“他只是问我是否记得，然后我们谈了些其他事情。”

她和弗兰克去旁听审讯，发现克罗格夫妇向他们披露自己以前生活中的每一件事都是虚构的。我问她是否为此恼怒，诺拉说，不，她能够理解。

“他们是我们有生以来最好的朋友，”她说，“他们是好人，是可爱的人。这全是政治的因素，我想他们有他们的理由。”

一年之后，克罗格夫妇被用来交换遭俄国捕获的英国间谍。现在他们住在波兰，海伦和诺拉在圣诞节依然写信互致问候。

---

①戒指（the ring），喻指间谍组织（间谍网 a spy ring）。

在晚餐时间，我打电话给乔伊丝·格伦菲尔，告诉她我看过她演的电影，她说：“那么你会认得我，就是有刘海的那个。”星期一我将在剧院隔壁的华尔道夫酒店和他们会面，并共用晚餐。

六月二十四日　星期四

终于，我有了一天的时间可以自由支配，步行周游了摄政公园一带。我绕着纳西弯月形建筑走了二三十遍，瞻仰那座位于温坡街的屋子，罗伯特·勃朗宁[①]曾来这里探望伊丽莎白[②]。我又逛了哈利街——还有德文郡街、德文郡广场、德文郡小巷、德文郡胡同和德文郡小巷胡同，这是一个多么可爱的城市。

当我回来的时候，发现服务台上有一张给我的便笺。没有称呼。

---

① Robert Browning（1812－1889），英国诗人、剧作家。主要作品有《戏剧抒情诗》《剧中人物》《指环与书》等。

② Elizabeth Barrett Browning（1806－1861），英国女诗人，少年时骑马跌损脊椎导致瘫痪，后遇诗人罗伯特·勃朗宁，两人相爱，结为佳侣。

星期六中午十二点整，你能在这里吗？我们将驱车去温莎和伊顿，可看的东西多不胜数。

匆就

P. B.

我们将驱车去温莎和伊顿。这是说，我。

我喜欢他这种从来不使用称谓的写信方式。当我写给某个电话公司主管和保险公司推销员时，我总是很恼怒，因为我不得不用“尊敬的先生”作为开头，而他和我两人都明白，我对这世界上的人都一样尊敬。

我在凯尼尔沃思休息室里写日记，可不要把它和凯尼尔沃思电视室混为一谈，在电视室里，每个人都笔直地坐在一张小直背椅上，守着一片漆黑，沉浸在电视情景喜剧之中。

而休息室就在大厅旁边，是个让人乐意流连的地方，有几把安乐椅和一张沙发，但如果你想在这里写日记，进门之前，千万先留神环顾一下里面。看看是否有一个想找人聊天的女人单独在里面。看看是否有两个女人已经聊上了，倘若她们的亲切和友好足以容纳你也参与她们的谈话，那么，你就很难拒绝加入，否则就会被诟病为没礼貌、不友好。

今天晚上我走进这里时，只有一位男士在书桌上写信，他刚刚离开。他问我借个火，当听出我的美国口音时，就告诉我他在纽约住过一年。

“后来有一天，我和一位美国朋友沿着第五大道散步，我对他说：‘你跑什么呀？’他说：‘我没有跑！’于是我明白该是回家的时候了。”

这里的人只是在你抽烟的时候才问你“借个火”，他们能用你的烟去点燃他们的。没有人会奢求你给他们一根火柴，那就等于跟你讨钱。在这里，火柴不是免费的，旅馆大厅的烟灰缸里没有火柴，餐厅的桌子上也没有。要用，请自己上店里去买，我猜它们是舶来品，颇贵，不能像在家里那样四处乱扔。

一位女士刚进来，她问我是不是就是那个作家？她在服务台有所耳闻。她住在肯特，她并不喜欢伦敦，是因为她兄弟在这里住院治疗才来的，不过她至少还是浏览了布鲁姆斯伯里街的街景，她兄弟怎么也不赞同她老是把自己关在客房里，所以今天下午她走出旅馆，去了道堤街[①]的狄更斯故居，问我去过没。

她想聊天，所以我们就海阔天空地攀谈起来。

---

① Doughty Street，这条街48号是狄更斯1837年至1839年的住所，这是他最多产的三年，《雾都孤儿》《尼古拉斯·尼克尔贝》《匹克威克外传》都是在这里写成的。

六月二十五日　星期五

今天早上我拿到旅馆第一个星期的账单，数额远比我预想的大，由于各种各样的午餐和晚餐，增加了百分之十二的附加费作为小费。我拿着它径直跑到街上，去多伊奇公司找到他们的会计塔默先生。他戴着眼镜，是位神情严肃的绅士，当你和他打招呼的时候，他会报以一个闪电式的温暖微笑。他把我的所有“预付款”提成现金，放在办公室的保险箱里，每周以小额支付。他给了我付酒店账单的现金，外加十英镑作为我本周的零用钱。用完了这些，就得动用我兄弟给的一百美元。我从这一百美元中拿出十美元带在身上，让他帮我兑换成英镑。他如临大敌，搬出他的所有图表和计算器具，一丝不苟地计算最新汇率，哦，但愿他不至于少算给我十五美分。

在多伊奇公司里，有一封给我的信引起了我的兴趣，是来自一位我不认识的人，在我和马克斯与科恩书店的通信中，从来没有人提到过他。

亲爱的汉芙小姐：

我是马克斯与科恩书店已故的本·马克斯的儿子，我想让您知道，得知您来了我是多么高兴。我妻子和我又是多么热切希望您和我们一起用餐。

我不知道您在何处下榻，所以可否请您用上面的电话号码联系我？第二个号码是代客接听服务，留下的任何信息我都会收到。

我们两人期待着和您的会面。

真诚的，

利奥·马克斯[1]

交给我这封信的秘书告诉我，他打过电话来问上哪里能找到我。

---

① Leo Marks（1920－2001），英国剧作家和密码破译专家。二战期间他领导英国的电码机构，战后成为一位剧作家。

“但是，我们从不告诉任何人您住在哪里，我们只是请他们通过我们和您联系。”

我对此不敢苟同，我走进卡门的办公室，阐明我的态度。

“卡门，亲爱的，我不是那种想要避开公众的作家，打电话来的书迷可能就想请我吃顿饭而已，做一个晚餐客人我还是完全能够胜任的，只管把我的地址告诉所有人。”

她说至少会有两场访谈，她将把它们都安排在午餐时间。某个采访者问我，是否打算“买这里的银器和羊绒——或者仅仅买书？”我说在这里我什么也不打算买，我在橱窗里看到的每一件东西都挂着标价牌，上面写着：“买了它就在伦敦少待一天”。

扯远了。

午夜续记

我去了老维克剧院！我重温了少女时代一心想做戏剧演员的旧梦，走进剧场时禁不住心潮涌动。诺拉、希拉和我看的这部戏是《华伦夫人的职业》。剧院很有纽约老大都会歌剧院和费城歌剧院的气氛。观众怀着节日里的崇敬心情依次入场，一如人们在平安夜走进教堂那样。

希拉在泊车时遇到一些麻烦，在开幕三分钟之后才赶到剧场，她立刻被引到楼下休息室看第一场的闭路电视，弥撒开始之后，同样不容你再在过道里姗姗而来。

我怎么也弄不明白，为什么《华伦夫人的职业》会披上时代变换的外衣，难道政客和商人不再随意进出妓院了吗？难道贫困的良家女子理所当然要卖身糊口而不是宁死守节了吗？难道社会的道德支柱不再容忍在乡间别墅里纳妾藏娇了吗？是谁把这部戏演成了属于另一个时代的假面闹剧？萧伯纳会大发雷霆的。

我向诺拉打听利奥·马克斯，她说，她仅见过利奥和他妻子几次，“他们像是一对很和善的年轻夫妇”。还说他是一位作家。

我坐着服用维生素C，我觉得自己感冒了。我曾经试着读玛丽·贝克·埃迪的论著，早该坚持下去。

六月二十六日　星期六

天气终于转晴，阳光明媚，暖洋洋的，谢天谢地，我可以为帕特·巴克利穿一回裙子了。(报纸的头条标题写着“英国在七十五华氏度高温下煎熬”。) 我穿上了我的咖啡色亚麻布裙子和颜色鲜艳的新运动衫，他见了面露喜色说：“你看上去真迷人。”然后问我，这条蓝白相间的围巾是不是来自哈罗德百货公司。(我那是移花接木，从我那套酒会礼服上挪用的。)

一路上，他说虽然我们无法参观温莎古堡——“女王住在里面”，但是我们可以在温莎镇停下，和两位老年姐妹一起畅饮雪利酒，他想我会和她们投缘，会觉得她们的家温馨宜人。

去温莎的路上有一家老马寄养所，马的主人会在星期日来探望它们，带给它们奶油面包。

温莎镇到处是零零散散的过时景象。这对姐妹住在一条十七世纪风貌的街上，她们的屋子就跻身在那排安妮女王风格的住宅之中，每家屋前的路边都停有一辆车，屋顶上都探出一根电视天线。帕特·巴克利把车停在屋后的玫瑰园旁边，我们在那里见到主理家务的姐姐，她剪下一朵粉红色的玫瑰给我戴上，引着我们进屋，我们沿着一条狭长的老式走廊走进客厅，那位腼腆的妹妹现身招呼我们，并倒了雪利酒招待，她们两人遗憾地告知帕特·巴克利，她们家的鬼魂已经走了。

二十年前她们买下这座屋子的时候，鬼魂就住在屋里，一直赖着不走。大多数时候他非常安静，并不捣乱生事。但是他喜欢屋里有人居住，喜欢周围有人走动。每次两姐妹收拾行李准备外出，做好关闭屋子的安排，鬼魂就会勃然大怒。照片从墙上被打落下来，酒杯在餐具柜里碰撞着落下打碎，灯具跌落在地上，锅罐碗碟的铿锵声整夜在厨房里回声四起。这种任性的胡闹一直持续到两姐妹离开屋子出去度假。二十年里，每次她们节日里去伦敦，或去乡间和国外，这幕情景就会重演。而今年，当两姐妹计划离家，她们忙这忙那地为旅行准备行装，可是屋里头一次平静如常——照片、酒杯、灯具安然无恙，厨房里悄无声息，鬼魂走了。两姐妹不免有点儿伤怀，毕竟相处日久，她们已经喜欢上他了。

两姐妹中的一个带我上楼，去顶层的洗手间瞭望窗外。她们只要跑上这里，就能知道女王是否莅临。从洗手间的窗口能看到温莎城堡的旗杆，那是个反映女王行止的晴雨表，如果女王在她的住所，旗帜就会迎风飘扬。

她们表示，很抱歉不能留我们用午餐，因为她们要去看菲利普亲王打马球。

帕特·巴克利和我在温莎镇的草坪上野餐。他（或是那个朝来晚归的女佣）在一只篮子里装了三种三明治、一只灌了冰茶的保温瓶、一些桃子和小甜点——还有餐后薄荷糖。我简直爱死他了，他做的每一件事都带有爱德华时代的最后一抹华彩。宛如那只被他一直置于车子前壁架上的瓷烟灰缸，显然，他不喜欢那只嵌在车内的铁皮烟灰缸。

到了一座连接温莎和伊顿的人行桥，帕特·巴克利系上他的伊顿公学领带，门房看见它，说道："原来您是伊顿人，先生！"于是让我们进入那些谢绝观光客的场所。

如果你出生在美国，对古典学怀有炽热的爱，而又没有受过大学教育，你会对一所这样的学校充满敬畏，它曾经让几个世纪的男孩在青少年时代就学会流畅地读写希腊文和拉丁文。帕特·巴克利带着我进入最早的教室，有五百年之久的历史，他让我坐在一张课桌前。桌子是用厚实的深色橡木做的，桌面上密密麻麻布满了男孩们的姓名首字母，是用小折刀深刻在木头上的。这些男孩的姓名首字母有五百年的历史，太值得一看了。

我们走进高年级男孩做礼拜的小教堂，在每排座椅靠走廊的那头，挂着一本点名册，如此，班长就能核对每个男孩的出席记录。我们读着一本点名簿中的名字——“大哈里斯。小哈里斯。第三个哈里斯。”——在伊顿公学，凡能用拉丁语表达的决不会用英语。

沿着教室外面的走廊，高高的橡木墙上刻满了名字，就像课桌上的姓名首字母一样密集。帕特·巴克利告诉我，当一个男孩毕业的时候，付几个先令给学校就可以把自己的名字刻在墙上。我们看到了皮特[1]和雪莱的名字（帕特·

① William Pitt（1708－1778），人称“老皮特”，英国政治家。曾任国务大臣兼下院议员。

巴克利指给我看他自己的）。沿着墙爬上爬下地寻找名字，可以足足花掉你一个月的时间。

一块块令人断肠的小匾牌是为伊顿的战死者而立的，一个家庭在第一次世界大战中有八名男子马革裹尸，其中七人死于二十多岁的华年。格伦菲尔家（影星乔伊丝·格伦菲尔的夫家）失去了祖父、父亲和一个儿子——在距一战十多年前的布尔战争[①]中还死了六名男丁。

我们走到外面，去看了一些球场，据说在那里举行的竞技是无往不胜的。男孩们正在打板球，几个手里挥动着网球拍的男孩缓步而来。在星期六，学校允许男孩穿普通的运动衫，但是我看到的是几个身穿伊顿校服的学生：黑色的燕尾服，白色的衬衫，带条纹的裤子。帕特·巴克利说，除了正式场合，他们现在不戴大礼帽。（这些大礼帽可以使男孩们远离是非之地，如果一个男孩偷偷溜进少年不宜的酒吧和电影院，这些场所的经理无论站在什么位置，都会一眼认出这大礼帽，于是把他们撵走。）

男孩们的脸是那样清澈明亮、轮廓分明、漂亮英俊，

---

① 1899 年至 1902 年间，在南非爆发的英国人与荷兰移民的后裔布尔人之间的战争。

令人有点儿难以置信。那身燕尾服——也许在二十世纪四五十年代会显得很怪异——简直就是奇迹，看上去竟然和男孩们现在的长发非常相配。由于他们浮雕般的脸庞、微微闪光的长发和裁剪完美的燕尾服，他们看上去像是——虽然不可能是——爱德华时代的王子们。

下午四点，我们驱车回伦敦，帕特·巴克利想带我参观马尔巴罗王府，那里五点钟关门。没想到我们到了马尔巴罗王府却进不了，警卫解释说，屋子现在关闭打扫清洁。皇家的小教堂倒是开着，帕特·巴克利要我挑个星期日去那里做礼拜。他说里面一点儿也不拥挤，那不是观光客青睐的地方，几乎没人知道它对公众开放。玛丽王后就是在这里举行婚礼的，所以我会去，出于对她和波普－亨尼西[①]的仰慕之情。

稍后又记

劳拉·戴维森刚刚从牛津城打来电话，身为书迷的她

---

① James Pope-Hennessy（1916－1974），英国作家，传记作品《玛丽王后》的作者。

写过一封信告诉我，她丈夫原是美国斯沃斯莫尔学院的一位教授，目前已在牛津大学贝利奥尔学院工作了一年，他们和十五岁的儿子都是我那本书的书迷，他们希望我去牛津城。我回信告诉她什么时候抵达伦敦。于是，她重新调整了去巴黎度假的计划，以确保我去的时候她身在牛津城。刚才我拿起电话和她打招呼，她说：“嗨！我是劳拉·戴维森，您好吗？您什么时候来牛津？我儿子都快急死了。”

我们约定下星期五见面，她说去牛津的火车几乎每小时就有一班，要我打电话告诉她是坐哪一班车，她来接我。她会拿着那本书，这样我就能认出她。

即使在家里，即使是健康的时候，我对外出旅行也够恐惧多疑，想到这里的陌生火车站和火车旅行就让我有点儿受不了。但牛津是我必须去的，三一学院有一套一年级新生的房间，约翰·邓恩、约翰·亨利·纽曼、亚瑟·奎勒－库奇，各自在他们所处的悠远岁月里住过。不管怎样，我懂得用英文写作，全仰赖这三人的教诲和诱导。在我有生之年，我要站在他们一年级时居住的房间里，为他们的名字祈福。

奎勒－库奇的讲稿承担了我整个大学时期的教育。记得十七岁那年，一天我去公共图书馆寻找关于写作艺术的书籍，我发现了五本书，是奎勒－库奇在剑桥大学给学生上写作课的讲稿。

“这正是我需要的！”我庆幸自己的好运气。我带着第一卷匆匆回家，如饥似渴地阅读起来，不曾想读到第三页就触上了暗礁：奎勒－库奇是对那些在伊顿公学和哈罗公学受过教育的年轻男子讲课，因此他以为他的学生——包括我在内——理所当然读过《失乐园》[①]并会理解他对第九卷《祈求光明》的分析。

所以我说“慢着”，我一口气跑到图书馆，借到《失乐园》，把它带回家，读到第三页，又触礁了：也许弥尔顿以为我这个读者会读基督教版的《以赛亚书》[②]和《新约全书》，知道路西法[③]和天使之战是怎么回事，可我是在犹太教的熏陶中长大的，故而一头雾水。于是我说“慢着”，我借来基督教《圣经》，读关于路西法之类的内容，然后

---

①《失乐园》是英国诗人约翰·弥尔顿的一部史诗，讲述叛逆之神撒旦因反抗上帝权威被打入地狱，为复仇寻至伊甸园诱惑亚当和夏娃偷食禁果。

②《旧约全书》中的一篇。

③《圣经》人物，堕落天使，因拒绝臣服圣子耶稣基督而率部分天使叛变，引发天使之战。另有一说认为路西法即恶魔撒旦。

重回弥尔顿的诗作，阅读《失乐园》，最后再回到奎勒－库奇讲稿的第三页。在第四页或第五页上，我发现印在页顶的内容要点是拉丁文，而印在页底的内容要点是希腊文。所以我在《星期六评论》上刊登了广告，物色教我学拉丁文和希腊文的人。同时又回到奎勒－库奇的书中，发现他以为我不仅知道莎士比亚的所有戏剧和博斯韦尔的《约翰逊传》，还读过《以斯得拉二书》，它既不在《旧约全书》里，也不在《新约全书》里，而是在《圣经外传》中，这是多么洋洋大观的一套书，可是从来没有人想到告诉我它们的存在。

就这样，因为不断触到这样或那样的暗礁，因为平均每周三次的“慢着”，我足足耗去十一年，才读完了奎勒－库奇的五本讲稿。

奎勒－库奇还把我“介绍”给了约翰·亨利·纽曼，他曾经在牛津大学奥里尔学院任教。这次参观完三一学院，我还想去奥里尔学院，坐在约翰·亨利的小教堂里，告诉他虽然我还没弄懂他当年所讲的大部分内容，但是我已经用心记住了《为自己一生辩论》的每一页，我还拥有一本《大学论》的最早版本。

六月二十七日　星期日

帕特·巴克利说得没错，马尔巴罗王府的皇家小教堂并不是观光客的流连之地，很少有人知道它对公众开放。即便是知道也少有人问津。

今天早晨，我悉心打扮后跑去那里。做礼拜的人寥寥无几，显然，他们都是每周必到的常客。也很明显，他们彼此熟谙。另外，在做礼拜的整个过程中，几乎所有的人都试图弄清楚我是谁。从他们的窃窃私语和眼角横扫过来的一瞥中，你能够想象出他们的对话：“亲爱的，别朝那边看……”

“……后面，最边上那个座位，往后几排……”

嗡——嗡——嗡。

一位动作笨拙的老年妇女摘下她的眼镜，为的是能够眯着眼睛把我端详个够。然后转身对旁座那位身材纤小的朋友摇头，语气坚定地说："不是！"那个纤瘦的女士不甘心，她死盯着我看，露出一丝恍惚不定的笑容，那是一种当你看到一张似曾相识的脸但又想不起在哪里见过时才会有的笑容。我很失策，竟对她们报以一笑，从那一刻起，她们两人的目光就再也没有离开过我。

我还是这屋子里唯一背肩包的人——如果我还须做补充的话。

礼拜结束时，我又是第一个进入走道、走出教堂的人。

还得回到这里来用午餐。星期日什么店也不开门，简直能把人给饿死！

下午

我悠然地躺在圣詹姆斯公园的一棵树下。市中心有三座相互毗连的公园——两座小的是圣詹姆斯公园和格林公园，大的是海德公园。

这里的所有公园都很祥和、温馨。年轻的男女走过，臂挽着臂，安安静静，手中没有晶体管收音机和吉他。有些家庭在草地上毫不声张地享用野餐，狗被牵着从旁边经过时也同样是安静沉稳，一点儿都不左顾右盼。只有一个例外：一位妇女走来，用皮带牵着一只灰色的小狮子狗，我对它说“哈罗”，它转过身对着我，很高兴遇到一个朋友，但是那个妇女猛地把它扯了回去。

“请不要这样！”她对我尖着嗓音说，“我正努力调教它懂礼貌。”

我心里想：“可惜它不能教你懂礼貌。”这时，我眼前仿佛突然出现了一幅星期日下午的狗山[1]的场景，不知道那里的每一个人现在都怎么样了。

一天夜晚，我们在那里搞了个野餐——有和我住在同一幢楼里的迪克，他养了一只英国牧羊犬，还有我的朋友尼基和我。我准备了一些用来做三明治的冷火鸡，还有一些用辛辣调味品做的鸡蛋，迪克调制了一保温瓶的血腥玛丽酒，我们带着牧羊犬切斯特朝小丘走去。尼基从她的办公室赶来，直接在那里和我们会合。去狗山野餐你得会疯、会玩才行，但迪克和我想试试。我们六点三十分才到

①狗山，纽约曼哈顿中央公园北部的遛狗场所。

那里，这时大多数狗已经回家了。

狗山是中央公园一座开阔的斜坡形小山，是世界上最大的一个犬类交际场所。周末下午，会看到四五十条狗在那里，松绑后四处飞奔着去会见它们的朋友。（如果你的狗不是人见人爱、广受欢迎，还是别带它去狗山，但我还从没看见纽约哪一条狗不受欢迎。）在一个晴朗的日子里，你会看到各种各样的狗，从阿富汗和挪威的猎鹿犬到狮子狗和拉萨阿普索犬，更别提所有其他的一般品种了。狗的主人坐在草地上，或者四处站着，就像父母在孩子们的派对上，提防着突如其来的小争吵，比如这是谁的棒，这是谁的球。

“乔治，如果你不乖乖地玩，我们就回家去！”

“梅布尔，放开它，我不想再听任你胡闹，快放开它！”

你不会伸直四肢躺在草地上来个太阳浴，因为你知道，万一一对大丹麦犬和一条柯利牧羊犬在赛跑，你躺着挡了它们的道，它们可不会因为你而绕道。

迪克、尼基和我在小山顶上安顿我们的野餐，迪克把血腥玛丽倒入纸杯。几只狗在半山腰玩耍，通常牧羊犬切斯特会加入它们。但是，它在来公园的一路上闻到野餐篮的气味，所以它只是大步慢跑着下山，嗅一嗅它的每一个朋友，算是打了招呼，然后跑回山上，估计它会一直在我们身边闲荡，直到晚餐开始。

我懂，所以当我拿出三明治的时候，我把我的一小片火鸡肉赏给切斯特。这下可好了，五秒钟之后，一群狗在我面前围起一个半圆：山上所有没走的狗都急急拥来参加我们的野餐。

有两条唤作萨姆和锡德的矮脚猎犬兄弟，还有罗穆卢斯，它是条大丹麦犬，还有一条我不认识的小猎犬，还有一条非常胆怯的名叫海尔格的幼年德国牧羊犬——全都直挺挺地站着，双眼盯着我和我的火鸡三明治。那只小猎犬正流着口水。

我备有一块多余的三明治，所以就献出我刚开始吃的这块，依次给每条狗一小片火鸡肉。（海尔格显得非常紧张，急不可耐地上前来吃它那片火鸡肉，它倒好，怎么知道我不会诳骗它？）

牧羊犬切斯特以为僧多粥少，不可能再争到了，所以怏怏走开，然后又小步跑了回来，垂涎于尼基的三明治。当我正在用最后一片火鸡肉喂其他狗的时候，尼基那里炸了锅,因为切斯特咂了一口她的血腥玛丽酒。迪克喝阻道:“切斯特!坐下!”切斯特想要显示一下它是如何训练有素,一屁股坐在尼基的芥末鸡蛋上。尼基因此大为恼怒。(她年轻、美貌,去伦敦政治经济学院读过一年书,不过她是一位爱猫族。)我转过身呼叫切斯特,想要引它离开尼基,然而就在我转身之际,那只小猎犬(莫顿,我想这该是它的名字)一口咬住我还没有碰过的备用三明治,叼着它逃下山去。

它的“妈咪”走过来向我致歉并表示谢意。她说,它只吃鸡肉,现在好了,回家后不用再为它煮食了。

我们走下山,步行穿过公园去七十二街的出口,一路上见到一场棒球比赛,还隐隐听到一个临时组成的木琴乐队正在奋力演奏一首摇滚协奏曲,它划破晴空,从五十九街远远传来。

如今,躺在安静平和的圣詹姆斯公园里,我忽有所悟:一个城市的公园多少反映了该市市民的性格特征。这里的公园是静谧的、祥和的,带有一点儿矜持,我很爱它们。但是在纽约生活了那么久,我当然也非常想念中央公园喧闹中的勃勃生气。

晚上九时又记

上校打来电话，他回来了。他问我，英国无与伦比的乡村中，最想去哪里一游？我告诉他下星期五我要去牛津城，如果他愿意开车送我去，我将感激不尽。

“好，讲定了！”他的声音洪亮，“我们能够做一个比这更棒的安排，亲爱的，如果你星期四有空，我们可以开车经过科茨沃尔德，正好赶到埃文河畔的斯特拉特福[①]用晚餐和上剧院，然后继续赶路，星期五到达牛津城和你的朋友见面。”

我欣喜若狂，这着实令我吃惊！莎士比亚的出生地倒并非对我有太大的吸引力，在我心目中，莎士比亚的诞生地是环球剧场。但是，当他说他要带我去埃文河畔的斯特拉特福时，我大声喊出了我心中的激动，实在是克制不住。

我问他，可知道去哪家商店能买到一只短途旅行袋？

---

①埃文河畔的斯特拉特福 (Stratford-on-Avon)，英国英格兰中部沃里克郡西南部地区，是莎士比亚的故乡。

他说："废话，我会送一只英国海外航空公司的包给你。"

我想说，做一个假的女公爵还真是"有毒而诱人"。在你有暇考虑想要什么之前，有人会迫不及待地把它献上，如果放任这种状况持续一个多月，岂不要毁了我的道德和清誉。

六月二十八日　星期一

我在利奥·马克斯的接听服务电话里留下我的电话号码，今天早上他给我回了电话。他有一口迷人的牛津男中音。（或许是剑桥口音，我说不出有什么不同。）他和他妻子将在明晚七时来接我去吃晚餐。

今天晚上是和格伦菲尔一家共进晚餐，看《仲夏夜之梦》，所以今天上午我拿出我的酒会礼服下楼去，对年轻的接待员说：“能否在傍晚五时之前替我把它熨烫好？”

“您是想干洗，还是水洗？”

“不，只需熨烫。”我说。

他一脸茫然地看着我。

“您是想把它送到干洗店？”他又说了一遍，小心翼翼地咬着每一个词，好像我是个俄国人，要不就是个聋子，

“还是您想送洗衣房？”

“我不想干洗，也不想湿洗，”我说，我一词一顿地发出清晰的声音，就像他是个俄国人或聋子，“我只是想烫一下，它皱了。”

这似乎让他感到吃惊，他注视了我片刻，然后控制住自己的情绪，嘟哝着说：“退（对）不起。”他转身去征求办公室的意见。一分钟之后他又回来了。

“你能否到楼上315号房间，去和女工领班商量，”他说，“亦（也）许她能帮你。”

我上楼去敲315号房间的门，向那模样好似慈母的领班解释我的问题。她心领神会地点点头，说：“这边走，亲爱的。”她领着我来到走廊末端，打开一扇通往一个“小地牢”的门，里面有一块烫衣板，角落里还躺着一只老怪物模样的熨斗。

“现在，你可以在这里把它烫平，亲爱的，”她说，“注意，这电线有点儿磨损老化了。”

这会儿，不如说我自己倒是被磨损得差不多了。这礼服是丝绸的，这熨斗是从没操弄过的，看上去不好对付。我拿着礼服跑下服务台，要接待员将它送干洗店，他如释重负。有幸活在衣料的易干免烫时代，偏偏因为对化学纤维过敏而这般遭罪！

稍后又记

在步行寻找华尔道夫饭店的途中，我迷了路，多过了两条街，又再往回赶。我一头冲进饭店大厅，已经迟到了十分钟——乔伊丝·格伦菲尔肯定一直在盯着门看，她走出来迎候我，那模样和银幕上的形象完全吻合。

她引着我进入餐厅，把我介绍给她丈夫——“雷吉——！”大多数时候她这样拖长声音呼唤他——和他们的澳大利亚朋友，著名的医生查尔斯先生和夫人费茨。我坐下，突然被眼前的事实所震撼，这四位著名的人物竟然要和我会面。我说，生活真是离奇！几年前，我写不出任何东西，或者说卖不出任何文字，我已经过了人生获取回报的年龄。我曾经有过机会，尽了最大努力，可是失败了。我怎么会知道在中年后期的拐角上会有奇迹在等着发生？《查令十字街 84 号》并不是顶尖的畅销书，这你能清楚地看到，它并没有使我富有或者出名，它只是让我收到数以百计的来信和电话，来自我压根就不知道其存在的人们。它使我获得好评，它恢复了我一路走来丢失已久的自信和自尊，上帝知道那已经有多少年了。它把我带来英国，它改变了我的生活。

格伦菲尔夫妇原先已经为自己和澳大利亚夫妇定好了剧场的包厢票，乔伊丝听说我在伦敦城，便邀请我一起观赏——即使这意味着雷吉得把他的包厢座位让给我而自己坐在楼厅，我简直受宠若惊！

和一位演艺界名人一起步入剧院走道，称得上是一种体验。观众席上的每一双眼睛都转向她，即使我们在座位上坐定之后，还能够感觉到整个戏院满是伸长的脖子。

彼得·布鲁克导演的作品一开头就给你一个冲击，戏剧和闹腾的马戏参半。格伦菲尔太太立即沉浸其中；我一直在担心帕克[1]会从他的高跷上失足摔落，或者杂耍时失手打碎盘子。第二场过去了一半，我突然备受感动，我在想："我恨它，但我又爱它。"看到莎士比亚在整个舞台上引起

①莎士比亚戏剧《仲夏夜之梦》中的精灵。

那样的轰动，真把人给刺激死了！

和澳大利亚夫妇挥手道别后，他们开车送我回家，由乔伊丝驾驶，因为是辆新车，雷吉想让她体验一下驾驭新车的感觉。

在布鲁姆斯伯里街上，她可是见了鬼。这里单向行驶的街道简直要把驾车人给逼疯，你必须开过五条街才找得到一条方向对的路。而她绝不肯在沙夫茨伯里大道对面停车，把我放在不是旅馆那一头的大罗素街转角上；她也不会让我在布鲁姆斯伯里街转角处下车，因为旅馆的进口在大罗素街上。天啊，她决意要把我送到旅馆门前下车。车子成锯齿状忽南忽北地行驶了半个小时，终于大功告成，她落落大方地接受了我的祝贺。

她说他们准备外出“度假”，但会在七月十三日回来做她的教堂对话。她每月和一位牧师做一次对话——就“爱的本质”和“美的本质”等主题——在齐普萨德大街圣玛丽·拉贝教堂的午间仪式时间。她说，我何不在七月十三日来参加对话？然后，夜里我们可以一起用晚餐，他们会开车带我去外面转转，看看景色。我说我还不能确定十三日我是否还在这里，虽然我希望能够逗留到十五日。

在第二场上演期间，一阵感冒引起的不适向我袭来，我开始咳嗽，我试着蒙住嘴鼻，却几乎处于窒息状态。我俯身轻声对乔伊丝表示歉意："整个周末，我都在和感冒作战。"

她听后想了一会儿，然后俯下身子轻声回答说："哦，感冒啦！"

就这样，我被感冒折腾着。坐在床上，一阵阵地干咳，我不断地抽着鼻子，即使这样难受也没有令我消沉。我像是生活在一种被深度催眠的状态里，每次写明信片回家，都会用"Euphoria"（心情愉快）来充作寄信人的地址。

六月二十九日　星期二

我在餐厅喝着第四或第五杯咖啡，感觉就像刚染上一场重感冒的第一个早晨。我打算打电话给利奥·马克斯取消晚餐。但是如果整天待在旅馆，到了晚上我也会憋不住想要出去，所以我还是没有取消这个约会，只是思量着尽量别对着他们咳嗽。

现在餐厅里的人正在陆续走空。每天早晨八点和九点之间里面很拥挤，服务生忙得不可开交。酒店的房价包括了“整套英国早餐”，我们什么都吃：果汁和麦片粥，熏肉和鸡蛋，烤面包和橘子酱，茶或咖啡。（端着咖啡壶的女孩总是问“黑的还是白的？”）

早餐一般总少不了英国人威利·洛曼夫妇，他们从农村过来出差；还有零零星星的几位中年妇女，是从“英国”

各地来旅游的独行侠。（她们从不说“大不列颠”，而是说“英国”——联合王国。）几位脸色苍白的尖鼻子教授，正在努力往体内加入足够的燃料，以维持他们在大英博物馆的一整天，看上去就像他们中午全都仅以酸奶果腹似的。

这天早晨，这里坐着一长桌苏格兰主妇，由一位矮小的年轻社区牧师陪着开会。女士们全都抱怨摩托车整夜在街上呼啸而过，噪音搅得她们一刻也不能入睡。可这是我住过的最安静的地方，她们该试着尝尝在纽约第二大道蒙头睡觉的滋味，在那里，刚到凌晨三点，卡车就隆隆而来。

这里有许多来观光旅游的俄国和捷克家庭，带着对游览已经感到腻味的乖孩子。有几个德国旅行团，都是中年人，这就更让人难以接受。（若是年轻人这样倒情有可原，何况年轻人并没有这样。）那些旅游团成员一边用餐一边腾出一只眼睛看钟。他们全都报名参加了某项巴士旅游，巴士将在九点准时离开酒店。距九点还有两分钟的时候，俄国、捷克、德国的旅游者掀起一阵巨大的骚动，大队人马踏着重重的脚步离开，去寻找各自的队伍——在那里，捷克人对着自己看不懂的指示牌狂乱地比画着，叫嚷着。德国旅行团的领队在大声吆喝:“注意了！保持队形！”让每个人排好队。俄国人则傻乎乎地寻找他们的巴士，上了车。

今天早晨在这里用早餐的美国人，除我之外，还有三个初来乍到的加利福尼亚大学的女孩，金发，皮肤晒成褐色，精神焕发，急着想搞清楚是否这“整套英国早餐”意味着可以点任何食品，住在这里就全部免费吃吗？我请女招待给我再加点咖啡，她们听出我的美国口音，其中一个女孩走到我的桌边问可以点些什么、要不要付小费？我说，不，管理部门已经在你的账单里加了百分之十二的小费。我来的第一天，当我要给阿尔瓦罗小费时，他大为惊异，不，不！他说，都已包括进去了！

现在我拿着上个周末的报纸和它那折磨人的纵横字谜游戏,回房间去消磨这个上午,就像我母亲常常说的:“享受你病中的慵懒。”

犯罪摘要

摘自星期六的晚报：

在温布尔登
非礼女孩的教师
被处以五十英镑罚款

一个五十四岁的伦敦大学统计学教师……今天出庭，被指控在温布尔登网球锦标赛上有亵狎行为。

当他承认在球场一号看台有强暴猥亵行为后，被处以五十英镑罚款。

临时刑警暨侦探帕特里克·道尔告诉温布尔登的地方法官，被告人用手臂搂住一个十八岁的女孩，触及她的胸部。

已婚的被告人说："我一时糊涂，失去了理智。"

"一个像我这样身份的人竟做这等事，简直荒谬透顶。"

一个温布尔登裁判……六十六岁，也被指控在温布尔登犯有调戏行为。总共有十名男子出庭，接受行为不当的指控。

这个六十来岁的裁判格外幸运，他们把他的照片放到了报纸上。

接下来是一则招聘广告：

白金汉宫。主厨房中央洗涤职位空缺，仅招聘女性。不提供住宿……书面申请寄伦敦西南一区白金汉宫王室事务长收。

你不想做一天这样的工作，哪怕只为听一听那里的奇闻轶事吗？

晚上十一时续记

七点钟，利奥·马克斯在大厅打电话上来，我穿上我的丝绸连衣裙和与之匹配的外套，红着鼻子，湿着眼睛，下楼和他们会面。利奥一头黑发，英俊帅气，见了我说："您好，我们很高兴您能光临，回楼上去加一件外套吧，天气很凉，又在下雨。"

我上楼穿了件蓝色的旧外套，下楼对他说："你让我整个装束走了味儿。"

埃娜，他的妻子，身材纤小，金发碧眼，诚恳地说："一到餐厅您就可以脱下外套，我们在一家酒店用餐，在大厅里您就能把它脱了！”她不安地看着我，想知道这样是否妥当。

她该是看上去很纤巧柔弱，其实不然，你只会觉得她清瘦而结实，颇像一个精悍瘦小的金发运动员。然而她却是肖像画家，她在画坛用的名字是埃娜·高森。利奥告诉我，她为海莉·米尔斯和帕梅拉·布朗画过像，获得了诸多褒奖。看不出她如此年轻有为。

他们把我带到斯塔福德，这是一家历史相当久远、环境温馨宜人的饭店，酷似普拉扎饭店。我喝下几杯马提尼以疏通鼻窦，我发现利奥对杜松子酒情有独钟。他还是一个创作电视和电影剧本的作家，我们发现我们竟曾在同一个电视制作人麾下工作——在不同的时节、不同的洲——我们三句不离本行。埃娜一点儿也不在乎，她觉得我们两人诙谐风趣的谈吐难分伯仲。

他称她为“小东西”。

“小东西，你要再来点儿龙虾吗？”

他问我是否知道钢琴家艾琳·乔伊斯，他告诉我：“那时她刚成为大英帝国的一名女爵士，她穿着爵士长袍，要小东西为她画像。”

埃娜告诉我，利奥的一部电影就在拐角处上演，我钦佩不已，可这时要去观看已经太晚。我一直把电影写作视为作家最艰辛和最不易的工作。

“告诉我，”利奥说，“你写出了一本了不起的书，为什么我们以前没听说过你？你早先的工作有什么问题吗？是太好，还是不够好？”

“是不够好吧。”我说。他点点头，继续说其他事情，我想此刻我们成了心灵相通的知音。

这是一个美妙的夜晚。我希望再见到他们，但是我没有勇气打电话向他们提议。作为一位贵宾，该有自己的礼数。

我咳嗽——咳嗽——咳——咳——咳。

六月三十日　星期三

做一个名人，意味着你用早餐的时候，要被电话呼叫三次，第一次你回到桌上，你的鸡蛋凉了；第二次你回来，你的鸡蛋被端走了；到第三次电话来了，你只好带着刚盛好鸡蛋的盘子，去大堂接电话。

乔伊丝·格伦菲尔打电话问我的咳嗽怎样了，说十三日之前可一定不能走。我告诉她我也这样打算的。旅馆接线员听得出她的声音就没把电话接到电话亭，我是在服务台接的电话，当时我把听筒悬在半空，让接线员和收银员能听到她的声音，她问她丈夫什么事情时大叫一声"雷吉——"她俩差点儿笑瘫了。

诺拉打电话来，听到我说话声音沙哑，就说，为什么不到北伦敦来，好让她来照料我？这是她希望为我做的。

自从弗兰克死后她一直全职工作。

上校来电话，说英国海外航空公司的旅行袋“会在今天上午送到”，明天上午十点他将来接我去斯特拉特福和牛津一游。

早餐之后，我穿过马路去买克里奈克斯纸巾和咳嗽药片。大罗素街的旅馆对面有一排小商店：一家文具店、一所男女皆宜的美容院、一家影视书店和一家供应健康食品的印度食品店，还有一家很大的基督教女青年会女子公寓和一家路边水果摊。我在水果摊前停下买了些桃子，在等着找零钱时，我看见文具店外面的玻璃橱里有一个布告牌。拿好找零，我走过去读那块布告牌。乍看，觉得公告栏里好像是些出售物品和征聘人员的广告，但是不必读太多，你就会发现你错了。然而，对于纯洁的心灵，所有的公告牌都是纯洁的，读后即知：这是整个公告牌的列表。

热裤出售。电话……

前女演员将授课。法语或任何课程。电话……

男模特。全套服务。电视、摄影、按摩师、皮鞭、矫正训练。电话……

模特儿寻找不平常的职位。考彻小姐。电话……

新出品的可爱金发碧眼娃娃求售，会走路，会讲话。电话……

汤姆·塔梅尔以最严格的方式授课。电话……

法国姑娘。系前女家庭教师，多方位。招收新学生。男女皆宜。电话……

征求三只帆布背包。成色好。价格须合理。联系大罗素街基督教女青年会。

晚上七时

五点三十分，埃娜风风火火地赶来，带着一只棕色的纸袋，里面装满了对我咳嗽有益的柠檬、蜂蜜和酸橙汁。她说整个上午她都有一种要打电话给我的冲动，可拿起电话又有些不知所措了。我说我们两个都有过于拘谨的毛病。她希望我明天晚上和他们一起用餐。我告诉她明天我在斯特拉特福，但星期五会回来。她听了之后一脸的失落。

“星期五我们将去乡下，七月十日之前都回不来！”她说。

“别担心，”我说，“我打算待到七月十五日。”

她仍是愁眉不展。

“你不能这么快就回去！我们才刚刚遇见你！”她说，“瞧，你钱花完了的时候为什么不过来，住到我们乡下的屋里？七月十日以后我们根本不会用到钱，你可以整个夏天住在那里——如果你不介意我们在周末回来？”她热切地看着我，令我有些无所适从。

她辞别了我，去利奥母亲家和利奥会合。

英国海外航空公司的旅行袋送到了，我打电话给上校表示谢意，他劝我多吃些：“你必须不断喂养你的感冒。如果你不给那些细菌食物吃，它们就会把你吃了。”

好吧，现在我就去餐厅，去喂饱那些细菌。

稍晚

我点了“马里兰鸡”，端出来的是一片鸡肉，是裹上面包屑放在锅里像小牛排一样平煎的，外加一条熏肉和一根肥肉香肠。餐后甜点有“牙买加跑车”，我没有点它，但是旁边那张桌子的人点了：是一块长而狭窄的小甜饼插在一个香草冰淇淋球上，冰淇淋球搁在一片菠萝罐头上。这可能会使人把它和牙买加混为一谈，就像把鸡和马里兰混淆起来一样。不过，曾经有人告诉我，在巴黎有个餐厅，在菜单上列有“苹果炸薯条”呢。

七月一日　星期四

斯特拉特福　午夜

我在床上奋笔书写，这里是一家豪华的汽车旅馆：里面有全覆盖的地毯、安乐椅、电视装置、梳妆台，还有一间铺着紫红色瓷砖的漂亮浴室，这是住在凯尼尔沃思酒店绝对享受不到的。

我告诉你，我的上校肯定是世界上最善良、最体贴的男士。我们在惯常的阴郁天气里离开伦敦，没过多久就感到不适。我对他说，渴望能有个艳阳天，就像一个干渴的人渴望眼前有一泓碧水。我们驱车进入了科茨沃尔德，大约上午十点左右，天气放晴，太阳短暂地露出它的面容。太阳刚出来，他就在路边停下车，从车尾行李箱里拖出一张折叠式躺椅，为我把它安顿在一块延展的草地上。这样，在太阳当空的片刻，我能够躺着享受它的光照。他告诉我，他的妻子“在承受两年地狱般的生活之后”死于癌症，他奇迹般地撑了过来。

我们经过了斯托克波吉斯，他告诉我格雷[①]的乡村教堂墓地就在那里，格雷的《墓地挽歌》是我母亲最喜爱的诗歌，我很想看一看这个教堂墓地，但是我们没有时间为了它绕道而行。

行车的时候，他告诉我一个冗长的故事，一个他认识的寡妇爱上了一名男子，她受邀访问那人在意大利的乡村别墅。当她到了那里，发现没有自己的卧室，该男子实际是想要和她同居一室。你看，我的意思是——上校说——她绝不是那种人，发现这个粗暴的家伙想做的只是一件事，她大为震惊。我不知道他为什么要告诉我这个故事，因为他并不像故事里的那个人——随后我明白了，他是在委婉地让我安心：他绝没有和我在斯特拉特福同居一室的念头。这我从来不曾想过。他非常严谨、老派，那不符合他的个性。

他告诉我，为了照料病妻，他从出版公司退休。妻

① Thomas Gray（1716－1771），英国古典主义后期重要诗人。毕业于剑桥大学，最著名的诗是《墓地挽歌》。

子死后，他找了希思罗机场的工作，用以解闷取乐，打发时日。

“如果我看见一个男人和他妻子及成年的女儿站在一起，看上去心情有点儿不佳，我会走上去对他说：‘先生，这些女士中哪位是你妻子？’他会顿时开颜！他妻子脸上也堆起了笑容。”上校说到这里，发出一阵如吼般的笑声。

“如果看见一对中年夫妇面带一点儿愁容，你知道，我就向他们走去，问道：‘你们是来度蜜月的？’你该看到他们脸上的表情！他们知道我在开玩笑——他们中有人知道——不过尽管如此，你知道，他们忍不住高兴起来。

“如果我看见一个孩子在哭——在偌大一个机场里，他们有的非常疲惫，烦厌了，他们饿了，想回家——当我看见有人在哭，我走上前问家长，能否告诉我上哪儿可以找到一个好小女孩，因为我自己的女儿已经长大了。然后我假装发现正在哭泣的她，说这正是我想要找的小宝宝，问她是否愿意做我的女儿。”

他用洪钟般的笑声来结束每一个故事，那笑声是如此单纯和快乐。

科茨沃尔德正如我脑中固有的想象：一片无限伸展的乡村绿地，其中隐藏着一个个英格兰村落，从伊丽莎白一世的时代到现在似乎没有任何变化。我们在一个乡村教堂附近的酒馆用午餐，上校说，就是在这个教堂里，“汉普顿[①]开始了革命”。孤陋寡闻的我实在没有勇气告诉他，我根本不知道这汉普顿是何许人也。

斯特拉特福比牛津更远，明天我们将原路返回。我们经过牛津的路牌，我和他提起大图村。几年之前，有人寄过一张明信片给我，是五座茅草屋匍匐在山坡上的照片，反面写着：这是大图村。在地图上找不到它，除非你在去牛津的路上迷了路。

这照片是如此理想化的英国农村风景，我简直不相信真正存在这样的世外桃源。我曾经一连好几小时地凝视它，这些年里我一直爱不能舍，把它夹在我的《牛津英语诗选》里。

“好吧！”上校说，受到这个挑战鼓舞，他激动起来：“我们必须找到大图村，看看它是否还是老样子。”

---

① John Hampden（1595－1643），英国政治家，率先抵制交纳船税，挑战国王查理一世的权威，揭开了英国内战的序幕。

我们迂回前进，穿过科茨沃尔德，终于看到指向大图村和小图村的路牌，驰过一条弯曲的道路就到了大图村，看上去和明信片上的景色毫无二致：五座古老的石屋披着茅草屋顶，依然故我地匍匐在山坡上。上校说，它们的历史要追溯到亨利八世时期。经历了五百年的风风雨雨，里面竟然还有人气：窗口有白色的窗帘和花箱，每座屋的前门草坪上有一个玫瑰园。

他停好车——这是视野中仅有的一辆车——我们下了车。沿着乡村小屋走下去，有一家一开间的小杂货店兼邮局，这是村庄之外唯一的屋子。我们走进去，里面除了女店主没有其他人，也看不到外面有任何人的影踪。

上校买了冰淇淋，我要了一杯牛奶，但递给我的是一夸脱容量的瓶装牛奶和一根吸管。上校告诉女店主，我是“从纽约一路来到这里的，特地要来看看大图村”。他们交谈的时候，我费力地抓住那只一夸脱的牛奶瓶，一心在想至少得喝下半品脱，以免挫伤她的热情。当我喝了那么多的时候，我环顾四周，想找个不显眼的地方放置瓶子，发现店里突然挤满了人——戴乡村帽的男人和穿印花布衣服的女人。我为他们让开路，他们全都走到柜台边，买纸烟和报纸。有几个孩子进来，很快就被女店主“嘘”的一声撵走了。

上校吃完了冰淇淋，他从我手中接过牛奶瓶，倒掉了剩下的一品脱半牛奶，好像它只是一杯水，我们就离开了。

“这下好了！”当我们走回汽车的时候，他说，“我们给他们留下了可以谈论一个月的话题！你注意到了吗，整个村庄都来看外星人了！他们一见我那伦敦牌照的汽车就跑着来了。你看到她是怎样把孩子嘘出去的了吗？那是为了让出地方给所有的成年人。一年到头，他们看不到这里有游客，要看从纽约来的？一辈子也不成！”

我们距离伦敦仅有数小时的车程。

我认识的凡去过斯特拉特福的人都警告我，这是一个商业性的旅游陷阱，所以我有心理准备。当我们驶入该地，首先映入眼帘的是一个巨大的广告牌，宣传“朱迪丝·莎士比亚[①]汉堡包餐厅”，上校气得脸色发紫。其实这一点儿也算不了什么，更有甚者，你找到莎士比亚的故居，付费

① Judith Shakespeare（1585－1662），英国伟大剧作家威廉·莎士比亚的小女儿，她的名字被商家用来招徕生意。

之后方才进入——你只不过是抓住粗大的扶手走上楼去，只不过是走进卧室碰触了一下墙壁，然后回到楼下，在见证他成长时期每天进出的厨房里站上一站，竟然这也要在每个生来就讲英语的人身上熬膏榨油。

我们在一个明亮的很现代化的剧院看了《无事生非》，了无新意，演技也不怎么样。上校大部分时间都在睡觉，我没怪他。

此刻，我就要爬进淡紫色的浴缸，我们一早就得离开这里去牛津城，重要的是，让我先在这温柔乡里陶醉一番。

七月二日　星期五

我看到了三一学院，走在约翰·邓恩漫步过的校园里；我看到了奥里尔学院，坐在约翰·亨利的小礼拜堂里。然而你绝对不会相信我经历了怎样的风波才得以如愿。我想是因为最终我发了一通脾气，我希望是这样的。

我们在将近中午时分到达牛津城，在一条典型的绿树成荫的大学城街道上找到了戴维森的家。劳拉正在那里等候我们，她说教授还在工作，儿子戴维在学校里数着钟点，恨不能立刻加入我们的饮茶行列。

她说话带有喉音，还带着一种可爱而古怪的口音。她生在维也纳，在英国长大。她和她丈夫曾经是两个逃离希特勒德国的流亡儿童。

她被上校逗得乐哈哈的，她称呼他“指挥官”，说他让她想起小熊维尼。我的问题是，到这时候，上校和我已经连续相处三十个小时了，但我依然不能轻车熟路地驾驭好彼此的关系，即使和世上最好的朋友在一起也是如此，况且他还不是。我们在校园里的一家酒馆用午餐时，他宣布（一点儿也不合时宜，我想是牛津让他兴奋得忘乎所以了）：“大英帝国将顺应人心而卷土重来！一个埃及人最近对我说：‘为什么当全世界需要你们的时候，你们英国人却端坐在家里？’”

出于某种原因，这激怒了我，我说了些激烈的话，我们在这种氛围中僵持了几分钟，直到劳拉像一个女管家一样巧妙地介入到我俩中间，这才恢复了先前的融洽。

午餐之后，我的烦恼开始了。我说，我们可否去参观三一学院和奥里尔学院？劳拉说，首先我们必须访问牛津大学图书馆阅览室，这是一座壮丽的雷恩大楼，她的丈夫就在这里工作，想要和我会面。我们到了那里，我遇见了教授，参观了阅览室，那拱形的天花板、高耸的书架和楼梯，一切都无比壮观。

我们走出阅览室，我说，现在我们可以去参观三一学院和奥里尔学院了吧？劳拉问我，是否知道牛津大学图书馆的书库在路面下延展了一英里？她指给我看是在哪一条路下。上校说他曾经在瓦德汉学院读过一个夏季，我必须去看看瓦德汉学院校园。他和劳拉意见一致，他们必须带我沿着这条主街，去布莱克威尔书店，因为它是非常著名的书店，他们两人认为我对书店是多么感兴趣。（让人们对我留下这样的印象，我深感无奈。其实我哪里是对书店感兴趣，我感兴趣的是书里写了些什么。我平时不逛书店，我只在图书馆里浏览，在那里你可以把一本书借回家，读它；如果喜欢它，就去书店把它买下来。）

就这样，在我人生中的一个明媚日子里，我已经实实在在地脚踏牛津的土地，我被裹挟着到了主街，我被领着看每一座纪念碑、每一座教堂，它们全是雷恩设计的（雷恩，雷恩，反正到处都是雷恩的手笔）。我被拖到了布莱克威尔书店，那里无非是桌子连着桌子，书架挨着书架。接下来我只知道我在一个被称作为瓦德汉的校园里兜圈子，天知道！天色越来越晚，马上我们就得去劳拉家和她儿子见面、喝茶，喝完茶之后上校和我将动身返回伦敦。

所以我发脾气了。

我站在瓦德汉学院的校园中间大声叫喊："什么时候

我们去看我想看的东西？”

劳拉赶紧走到我身边，非常和善并充满理解（她过去是一名社会服务人员），她说：“指挥官喜欢它，瓦德汉学院是他和牛津的唯一联系。”

我理直气壮地回答：“他就住在这里，哪天想看，他随时能来！”

她嘘——嘘地让我住嘴，上校大步走来，问道什么事。他们两人仔细想了想，认为我说得有理，那么我现在特别想看的是什么？劳拉问，我能肯定有一个奥里尔学院吗？她在地图上找不到，上校说，可能我想到的是剑桥的三一学院，查尔斯王子曾经就读于剑桥三一学院。

我耐着性子说，不，我想到约翰·亨利·纽曼，他在奥里尔学院教英国神学，他死于红衣主教任上，他在很多方面并非没有瑕疵，但他书写的英文在上帝的绿色大地上绝对是屈指可数的，约翰·邓恩也是这样寥若晨星的一位，他们两人都曾就读于牛津三一学院，所以，能不能让我去参观三一学院和奥里尔学院。

我们走出瓦德汉学院校园，站在一个街角上，劳拉再次研究她的地图，果真奥里尔学院并非子虚乌有。我们终于到了那里，我一个人坐在小礼拜堂里，与约翰·亨利作心灵对话。（后来我听说，上校在外面告诉劳拉，我是“一个古怪、头脑偏执的孩子”。）

我们去了三一学院，我绕着校园走了一圈，仅此而已，因为学院的所有楼宇都谢绝参观。

除非你对建筑非常感兴趣，否则访问牛津是非常令人沮丧的。在任何学院，只有校舍外面的校园和正门里面的小礼拜堂是对游客开放的，其他都不属参观范围。所以我永远无法涉足一年级新生的那些房间，我永远不知道是否还有“很多金鱼草”长在窗外，就像纽曼就读时那样。我永远看不到弥尔顿写作的房间，也永远看不到奎勒－库奇在剑桥大学教书的教室，因为剑桥也有同样的限制。

我们回到劳拉的家里——比气喘吁吁赶回家来的戴维早到了五分钟，戴维十五岁，为了见我，他一路跑着回来，我从未有过如此的荣幸。

上校喝了杯茶，然后走进一间卧室去打了个盹。劳拉、戴维和我坐在厨房里交换有关费城的故事，他们的家在那里，而我是在那里长大的，他们将在九月回去。

喝着茶，劳拉对我一天的行程深表歉意，她求我哪一天乘火车悄悄回来，自己一个人参观牛津（“如果你不想的话，甚至可以不让我们知道你在这里。”她说。戴维问：“为什么她不能让我们知道她在这里？”）我告诉她，我已经看了想看的绝大部分——在许可范围内，这是真的。

驱车回伦敦时，我们经过一个村庄，它被称作“泰默”（Thame）——发音和拼写是一致的，好比带有咬舌音的“相同”（same）——上校告诉我，为什么“赛晤士”河被叫成了“泰晤士”河。看来是因为首位汉诺威国王有一口浓厚的德国口音，不能发“th(思)”这个咬舌音。他称这条河为“泰——泰晤士”，因为国王总是对的，所以其他所有人不得不叫它泰晤士，于是从那时起这条河就成为泰晤士河了。

他告诉我那些唯这位国王马首是瞻的寡妇，她们似乎“很有钱”，她们的孩子都崇拜他。

我们在九点钟回到了家。因为这次出游，我将终生感激他，不过聚在一起的时间太多了。

我躲在酒吧里写下这些。虽然休息室更舒服、随意，但是今晚会遇到一些和我聊天的人。

服务台上有一些留给我的信息。马克·康奈利来过电话，伦敦《读者文摘》来过电话，尼基的朋友芭芭拉来过电话，还有一位我从没听说过的女士来过电话。所有这些信息给前台接待员留下了深刻印象，也同样给我留下了深刻印象。

七月三日　星期六

我刚给马克·康奈利打了电话。早在我儿时，他就是一个主流的剧作家，我的父母是他的狂热戏迷，他们真应该活着看到他作为书迷写给我的信。信是在圣诞节之前收到的，差点儿原封不动地被我扔了。因为他的名字在某个我不关心也不清楚的慈善团体中，我还以为又是一封募捐信函。直到我的手在废纸篓上方踌躇不定时，我才想到，若是慈善团体的求捐，这信也未免过于单薄。于是我拆开了它。

亲爱的汉芙小姐：

由于您被所有那些纷沓而来的信件包围（到现在为止有多少心怀感激的人写信给你——一百万?

两百万？），我不指望您会在一年或更长的时间里读到这封信。

不管怎样，迟早你会发现它，就像发现所有其他信件一样：告诉你，《查令十字街84号》这本书是温柔、有趣、热情和迷人的，它让读者庆幸和你生活在同一个世纪里。

鞠躬致意，

马克·康奈利

我险些没有拆开就把它给扔掉了。

几个月之后我和他见了面。他告诉我，七月他会在他的伦敦俱乐部里。他将带我见识一位绅士的俱乐部是何等模样。

明天一点他来接我去用午餐。

不到星期一我无法给尼基的朋友芭芭拉或《读者文摘》回电话，因为这两个办公室星期六都关门。尼基——我的朋友，我们在中央公园野餐时，她的芥末鸡蛋被牧羊犬切斯特一屁股坐下去给毁了——在纽约一家新闻杂志社工作，而芭芭拉在伦敦为同一家新闻杂志社工作。两位姑娘从未见过面，但是她们每天通过电传打字机侃侃而谈，故而彼此成为密友。尼基要我们答应，在我到访伦敦时彼此见个面。

十五日之前我当然可以践约，晚餐邀请接踵而来。我刚打了电话给那位我不在时来电话的陌生女士，她说她和她丈夫都是这本书的书迷，想要请我过去共进晚餐，并领略一下他们所在的伦敦地区。我打算星期二去那里。

除了我，每一个在酒店用早餐的旅客都曾有幸一睹王室的一些风采。（我知道，不管旁边桌上独自用早餐的是谁，开始和你攀谈时通常总是这样："劳驾可以递一下果酱吗？"）他们不是目睹王室启程去温莎古堡，就是在哈罗德百货公司走进电梯时适逢王太后跨出；或者看见安妮公主步入医院时向他们挥手致意；或者出于偶然，他们经过那所男生学校时，七岁的爱德华王子正好同别的男孩一起走出校门。所以，今天上午我要去白金汉宫碰碰运气。

晚上十时

到了白金汉宫，沿着带尖锥的铁栅栏来回走了一阵子，满目是风马牛不相及的滑稽景象：几匹白马拖着一辆十七世纪的四轮马车经过一道道大门，赶车的一身化装舞会装束，马车里坐着一对目光冷峻、头戴大礼帽的外交官，他们叼着卷烟，倒是活脱脱一副二十世纪的面目。

我发现王室的待遇是如此特殊。王室住在宫殿里，可谓壁垒森严，用围墙、庭院、大门和守卫阻挡了一双双窥探的眼睛，所有的设计都是为了绝对保障王室的私密。而伦敦的大小报纸都在刊登头条新闻，宣布“安妮公主的卵巢囊肿已经切除”。我是说，一个被幽禁在森严壁垒中的女性，竟让所有酒馆里的每位啤酒客都对她的卵巢了如指掌。

我经过林肯律师学院广场步行回家，有一座公园在律师学院这一边，律师学院面对着王座法庭步道上的一排可爱的住宅。坐在一条长椅上，看着那些住宅，任一些谈话断断续续飘入耳中：

“……嗯，倒并不粗鲁，他看上去像一个英格兰高地的犹太教士。”

“……可她还是一无所得，所以她离开了，现在她在家里，看上去……”

“他们全都在拼命为自己开脱，你尽可下个血本赌注！”

我又置身酒吧。晚餐后我通常不喝酒，但是在这个旅馆，如果你在晚餐前喝酒会显得怪异。所以我会在晚上十点钟多少喝点马提尼。

头一天晚上我来到这里，我对那个年轻的酒保说：“请给我一杯马提尼。”

他伸手拿了一瓶马提尼罗西苦艾酒，不等我喊出“等一下！”就倒出满满一杯。

“请先倒进一点儿杜松子酒行吗？”我问。

“哦！”他说，“你要的是杜松子马提尼！”

他拿了一瓶杜松子酒和一只调酒器，我说：“请在里面加些冰好吗？我喜欢喝凉的。”

“好嘞！”他说。他在调酒器里放入一块冰，倒入一量杯杜松子酒，再加半杯苦艾酒，搅动了一下，倒出来递给我，脸上带着炫耀的神态。付钱给他之后，我拖着脚步慢慢走到一张桌边，暗暗告诫自己：“别像所有那些美国游客一样，不能适应别国的习惯，喝喝看。”

这种酒没人喝得下去。

我后一次光顾酒吧是在晚餐时间，酒吧里空无一人，酒保和我相处得更融洽了。他问我该不会是个作家吧，还告诉我他名叫鲍勃。我问他是否介意这次用我的配方一试，他说好啊，只需告诉他我想要什么。

我说，首先咱们得在调酒器里放入四块冰，他想我是疯了，但他还是放了三块冰（他冰块短缺）。他把一量杯杜松子酒倒入调酒器里，我说："好，现在再加一量杯杜松子酒。"

他注视着我，难以置信地摇着头，加入第二杯杜松子酒。

"好，听好，再加一杯。"我说。

"还要加杜松子酒？"他问。

我说："正是，别大惊小怪。"

他倒入第三杯，仍然摇着头。他伸手去拿苦艾酒瓶子，我说："等一下，我来倒这个。"

我加入几滴苦艾酒，用力搅动，然后让他倒出来给我品尝，我告诉他美不可言。

现在他自己来调制，但是他决不再加第三量杯的杜松子酒。他该在想，过一会儿再抬头看我，准会看见我摊开手脚伏在吧台桌上，喝得酩酊大醉。

七月四日　星期日

想起越南战争前几天我还在为我们国家的历史洋洋自得，不禁黯然。不管怎样，七月四日[①]是个象征性的日子。

马克·康奈利一点钟来接我，我穿着咖啡色裙子，浅白色的运动夹克衫，他说："你穿一身轻巧的游艇装束，看上去真美！"他向我致意。他说，我们去希尔顿酒店用午餐，因为其他地方都不开门。

希尔顿酒店有好几个餐厅，他带我进了最大的一个，里面坐满油头粉面的时髦男士和穿戴娇艳的女宾，没有一个像凯尼尔沃思酒店里的人那样寒酸邋遢。这里草莓硕大，奶油浓稠，面包卷是热的，黄油是冷的，鸡肝的烹饪堪称

①美国独立日，美国的法定节日，用以纪念 1776 年 7 月 4 日大陆会议在费城通过的《独立宣言》。

完美无瑕。

但是在凯尼尔沃思酒店，没有人把鸡蛋退回去，没有人轻率粗鲁地对待服务生，一副“我就是比你高贵，因为我有钱”的样子。服务生也不会刻意用混合着蔑视和奴颜婢膝的态度来回应，没有一个人会逢迎讨好——天啊，那个阿尔瓦罗甚至不知道这个词怎样发音！在凯尼尔沃思酒店的早餐桌上，没有人面带愠色或心怀不满；在凯尼尔沃思酒店，没有人午餐时因闷闷不乐而以酒消愁，也没有涂脂抹粉的妇女老是用警觉的目光盯着自己的手袋。

看着希尔顿酒店餐厅里的这一张张嘴脸，你先是想上前掴他们一掌，随后又会觉得他们也挺可悲的，在这个餐厅里，没有一个人看上去是快乐的。

午餐之后，马克带我去他圣詹姆斯街上的俱乐部。从街上看去，那幢楼很窄，但是你一旦经过门道，就会进入一个非常宽大的会客室，再往里又是几间大房间。攀上一个大型的弧形楼梯，旁边的墙上排列着俱乐部历届主席的肖像，看上去全都像彼得·乌斯季诺夫。到了楼上你会看到一些更宽敞的房间——早餐室、游戏室、阅览室。在一间游戏室里，我们在彩色电视上看了一会儿板球赛，至少我看了。马克去午睡，他已年届八十岁高龄，这也无可非议。

三点钟我叫醒他，向他告辞，他兴冲冲地说："现在你该知道我有多关注板球赛了！"送我到了门口，他关照我去詹姆斯街走走，浏览一下商店的橱窗。

我依他说的做了，然后穿过摄政街，顺着滑铁卢街一路走到圣詹姆斯公园，这时我竟然撞见了"绅士约翰·伯戈因"①，站在街角的一个小小基座上，他个子瘦小、潇洒、利索，但他在萨拉托加战役中败给了我们的反叛斗士。据我所知，他本该和其他将军的军队联合作战，但是情况一片混乱，伯戈因最终全军覆没。如果他知道他是戏剧《魔鬼的门徒》中最吸引人的角色，他定会含笑九泉，他本人就是一个剧作家。他写过一部戏，在波士顿上演，那时他的军队占领了这座城市，他手下的官员权且担当演出。无法想象，是什么让英国人这般着迷，竟为他树起一座雕像？我猜是因为他打赢了一些其他地区的战役，但是在美国独立革命中，他孤军无援、一败涂地。

---

①英国陆军军官和剧作家约翰·伯戈因（John Burgoyne，1722－1792）的绰号。约翰·伯戈因作为戏剧家作品颇丰，以《女继承人》最为著名。

祝他七月四日快乐。

我走到林荫路的时候，那里正在举行一个流行乐队的音乐会，为了纪念七月四日，乐队演奏了《迪克西》和《共和国战歌》。是啊，为什么不呢？我不知道汉普顿是谁，为什么他们非得知道七月四日这天不是纪念内战的呢？

我在圣詹姆斯公园晒了一会儿太阳，流行音乐会还在没完没了地进行，我兴致索然，我想还是朝林肯律师学院的方向走吧。我无法再从宽大的大理石阶梯上退出，那上面挤满了音乐会的听众，所以我绕着林荫路寻找另一个出口，我来到一个小台阶，设法从坐在那里的人们身边取道而出，然后来到卡尔顿花园街，这是一条美丽的街道，坐落着豪华的公寓住宅。它使我有点儿想起萨顿广场：那里的建筑物，泊在路边的昂贵轿车，推着婴儿车走过的拘泥刻板的保姆，所有的一切都散发着铜臭。我沿着它走，或许我是沿着一条和它毗连的街道走，我说不准。随后我转过一个街角，发现自己置身于一条以前从没到过的街上，这种街道但愿我永不再来。

我甚至不知道自己来到了什么地方。我找不到街道的名字，甚至不清楚它是不是一条街。它是一个封闭式的庭院，是克拉伦斯王府和圣詹姆斯宫后面的一条死巷。巷边不知名的白色建筑物可能是宫殿的背面。白色的石头华丽夺目，路上鸦雀无声。脚步声都显得喧闹，于是你站着不动，几乎屏住气息。这里没有铜臭，只有特权下的神圣肃穆。这时，你脑海中会涌现君主政体神话般的辉煌故事，尽显英国国王和王后的帝王威严。接着你会突然想起躺在海格特公墓一个宁静墓穴里的卡尔·马克思，想起玛丽王后欢迎甘地，一如她欢迎在他之前来访的王侯，一如乔治三世被迫欢迎作为外交官访问圣詹姆斯法院的老暴发户约翰·亚当斯。你会对这样的悬殊反差感到敬畏——圣詹姆斯宫殿和克拉伦斯王府能如此安然无恙地存在于“社会主义英国”[①]这样一个事实。

当一辆十七世纪的四轮马车驰入白金汉宫大门，载着二十世纪俄国或非洲的外交官去接受一位女王的欢迎时，你会决定停止使用“过时”这个词。“过时”暗示着某样东西早就死了，而这里一切都是活生生的。历史，正如他们所言，生气勃勃地活着，活在伦敦城里。

①英国曾因斯伯利制度被其他西方一些团体视为社会主义。

七月五日　星期一

今天早晨和尼基的朋友芭芭拉通了电话，我们约好星期五一起用午餐。我要她通过电传询问尼基两个问题，吃饭时她会把尼基的回答带给我。

我打电话到《读者文摘》办公室，办公室的那位姑娘说，他们正要在英文版中选用我那篇有关书迷来信的文章，但文中仅谈及美国的书迷，问我可有英国的书迷？我想起了上校，难道他不是吗！我解释，这篇文章是在收到英国书迷来信之前就写好并投出的。她问我，是否会很介意补写一到两页介绍一下英国书迷的来信？他们准备不日发表，明天必须拿到追加的新页，问我能否挑灯夜战？

我差点儿要脱口而出："女士，这是我平生第一次真正的休假，而且只剩下十天了！”可是鬼使神差，一个念头蹦入我的脑中：如果不是因为《读者文摘》，我哪来这第一次真正的休假！所以我回答，当尽犬马之劳。

此刻我不得不拖着沉重的双脚上街，去多伊奇公司借一台打字机。

稍后

我写了三页新的稿子，把它们交到《读者文摘》位于伯克利广场的办公室，然后沿着一条宜人的新路线步行回家，按游客地图径直向摄政公园那儿走去，然后穿过这个地区。

沿途走过一条小巷，只见入口处有一块对匆匆行人广而告知的小牌子，直截了当地发出这样的警告：

> 禁止小便[①]。

①原文为 Commit No Nuisance，直译是“不要实施有害的行为”。

你越是盯着它看，越是觉得它的覆盖面在不断蔓延。从弄污街道到破屋盗窃，再到入侵越南，无远弗届。

我回到酒店，得知服务台上有一封写给我的信：

> 星期三中午十二点整，你能否在这里等着，去参观两座宏伟的英国古宅？
>
> 匆就
>
> P. B.

玛丽·斯科特刚刚打来电话。去年春天她给我写信，说她和她丈夫是加利福尼亚人，他们每年春夏两季在伦敦度过。她提议带我进行一次伦敦的徒步旅行。她告诉我她家来了住客，待了一个月之久刚离开，她终于能够空下来陪我徒步旅行，她会在星期四早上来接我出游，随后再带我去她家吃晚餐。

明天晚上我已约好和一对英国夫妇一起用餐。我在斯特拉特福时他们就打电话来，而斯科特夫妇又将在星期四请我吃饭，我何不立即行动，用省下的晚餐钱去一趟美发厅！

七月六日　星期二

我在帕丁顿街上的一家小店做美发，就在摄政公园外面。漂亮的美发师问我，是不是从美国来，我说是的。

“你觉得伦敦怎样？”她问，“它的嘈杂和人山人海使你厌烦吧？”

什么？

作为一个大城市，伦敦的安静倒是令人难以置信的。它的交通状态虽比不上纽约，因为这里街道非常狭窄，但街上的车辆都悄然而过，根本不见卡车，城市的法规禁止它们通行。甚至连汽笛声也是平和的，救护车的汽笛“布鲁——噗，布鲁——噗”地响起来，就像一头海象在水下哭泣。

我在这里看不到纽约客所形容的人山人海，即使在巴士上也不见拥挤。

午夜

邀请我用晚餐的英国书迷是一对很可爱的夫妇，他们住在肯辛顿的一条小巷里，这类小巷最初是为马厩和马车库而开辟的，后来流行将马车库和马厩改建成现代住宅，人人都喜欢住改建后的马厩，这成了当时的一种潮流。

但是马厩和马车库是用石头建造的，没有窗子。当然，马不会在意室内有没有水电装置。你买下一个马厩，费尽九牛二虎之力把它变成一个非常独特的厨房（夹在两堵高到屋顶的石头隔墙中间）。你在整座马厩里铺设供电线路，安装供水管道，买来厨房和浴室的所有设备，把家具挪到马厩的适当部位——等这一切全办妥了，你仍然无法在一英尺厚的石墙上凿一个洞来当窗子。于是，你什么都有了，就是独缺空气。这对与我共用晚餐的夫妇，就住在一个迷人的小马厩里。他们高兴地向我解释，整个夏天炎热逼人，晚餐之后，他们就尽可能快地移身到屋外。冬天他们因为没有暖气而被冻僵，闷得几近窒息。

他们的对街是阿加莎·克里斯蒂的住所，它安然矗立着，更为陈旧。

真是如痴如醉！

他们让我饱餐了一顿美味的烤三文鱼排，然后载着我穿过 Chiswick[①]——发音为“奇西克”——我们沿着绿地河滨漫步。绿地河滨是一条景色宜人的林荫大道，能俯瞰泰晤士河，你可以跑到那排屋子前面的台阶上，跳进河里。这些屋子是查理二世为他的情妇们建造的，非常漂亮、迷人，价值连城，受人青睐。人们对住在里面的社会名流妒忌不已，巴不得泰晤士河不时泛滥，把他们的客厅全淹了。

我记不得我们谈了些什么，但印象中我描述了在中央公园发生的某件事情，我的东道主惊恐地看着我。“你是说你真的去了中央公园？”她问，“我以为那是个去了会没命的地方。”

我说我几乎每天都去。我提议如果他们有朝一日来纽约，我会做向导带她和她丈夫去公园一游。他们告诉我，

①伦敦西部的一个地区，属于豪恩斯洛。

去年他们在广场饭店住了三天，因为害怕会被谋杀，从没离开过客房。他们没在第五大道漫步，他们没见着中央公园，甚至连坐在出租马车上游览公园也不敢。他们没有涉足过一幢摩天大楼，他们也没有坐过观光巴士。

他们从没离开过他们的房间。

“我们感到太恐惧了。”那妻子说。

自从我来到伦敦之后，有三个大学男生被发现在一个露营地熟睡时遭到枪杀；一个女孩被发现遭人捅死在自己住的公寓里；城市里到处可见“把伦敦锁上”的标语。我问帕特·巴克利这是什么意思，他说，这是竞选活动的一部分，因为抢劫成风，提醒伦敦人外出时关上门窗。一周之中，他有三个朋友的公寓遭到抢劫。

在纽约，犯罪活动猖狂百倍。我们一周里发生的谋杀和行凶抢劫，可能比伦敦一年中见到的还多。不过，不管怎样，谢伊体育场的任何裁判或球迷，都不会把目光从棒球场转移到一个女孩身上，试图调戏。纽约的狗也不会攻击街上的三个孩子，把其中一个咬死，可是上一周此地竟然发生了这样的惨事。

我的意思是到处都有令人不快的事情发生，纽约更严重一些，但也不至于严重到让两个伦敦客整个周末蜷缩在酒店客房里，拒绝去领略那座二十世纪创建起来的非凡城市，这可是个不易多得的机会！

总有一天，我要写一本有关在纽约生活的书——在一幢十六层的公寓住宅里，住着许多家庭、单身汉、职业妇女、一个九十岁的愚蠢乡巴佬和一位看门人，这看门人能告诉你住在这里的二十七条狗的名字和它们所属公寓的号码。我已经感到厌倦，不想再听到一个不住在纽约的人对我说，纽约是一个多么可怕的居家之地。

七月七日　星期三

帕特·巴克利带我去赛昂宫，它是那些悲惨的诺森伯兰郡人的祖屋，他们设法使简·格雷成为女王并支持苏格兰女王玛丽一世，反对伊丽莎白一世女王。

我在那里见到的玫瑰园是最漂亮的：数英亩玫瑰构成一片五彩缤纷的壮丽景观。帕特·巴克利告诉我，他曾去乡间的朋友们那里度周末，他们有一个两倍大的玫瑰园，但没有让他带一株花苗回家。

伦敦人总是想念他们的玫瑰园，于是他和楼宇里的其他住户在屋顶的花盆里搞了一点儿小小的园艺。

我们从赛昂宫出来，去了奥斯特利公园，那是另一个祖屋，我忘了是谁的。

我对纳西屋和雷恩教堂有了一点儿了解，今天在奥斯特利公园，我又知道了亚当墙[①]：一块块打磨光亮的木质嵌板上，布满了错综复杂的镶嵌装饰品。你可能花上几个小时也看不完一面亚当墙上的雕刻工艺细节。在一个由手表、车辆、飞机、时间表所主导的世纪，很难想象竟有这样一个时代：人们用无穷无尽的时间和持续的经久的耐心去从事这等精巧细活。

驱车回来时，帕特·巴克利告诉我，他在好莱坞断断续续工作了好几年，担任电影的英国片场顾问。帕特·巴克利觉得全盛时期的好莱坞几乎一无是处，不是索然无味就是过度夸张。这见解乍一看有点儿荒诞，但随后我意识到他是那种有独到见解的人，在任何情况下都安之若素，不受他人影响。他的足迹遍布各地，交游广泛，他是个社交人物——总有很多邀请函堆在壁炉架上——但是他似乎总是和周围的人保持着距离。

他告诉我，他曾经拖着一个美国建筑师，在英国各处跑了几个月，为的是装修纽约的艾塞克斯酒店。艾塞克斯酒店正在重建它的鸡尾酒吧，要把它改造成

①亚当墙，以亚当的金丝装饰为特色的墙面。“亚当”指 18 世纪创建这种装饰风格的苏格兰三兄弟。

英国式的。

“他们派了一个小伙子来我这里，我载着他在英国到处跑，见识所有最好的老式酒吧。他回到纽约画好图纸，寄给了我。等我们回家后，我拿给你看。”

我们回到拉特兰门，他给我看图纸，可真是不同凡响：酒吧带有木板嵌镶墙、古风悠悠的木头桌子和长凳、一个高的放有若干小桶的老式木吧台。酒吧看上去温馨柔美，一盏明亮的老式吊灯悬挂在天花板下。在它的辉映下，木制品闪闪发光。

“酒吧还在吗？”我问。

“我想在的。”他说。

“回家后我会去看，”我说，“他有没有写信来，告诉你酒吧的样子？”

“噢，写了。”他漫不经心地用轻描淡写的口吻说——“艾塞克斯大酒店用透明合成树脂、铬合金和黑皮革等材料包装了这个酒吧。”

星期六他将去威尔士待一个星期。等他回来的时候，我已经离开。

七月八日　星期四

玛丽·斯科特带我去骑士桥和肯辛顿一带徒步漫游，我们先去了我从没光顾过的哈罗德百货公司，这是一家令人难以想象的商店，在那里你可以买到任何东西，从一条钻石项链到一只活老虎，里面有一个动物园。我想起切斯特，那只住在我们公寓楼里的牧羊犬，它就是来自哈罗德的尤物。

在底层有一个花店，如果你想买一打玫瑰，你可以一枝枝地挑选。你可以挑全是花蕾的，或全部绽开的，或者每样各占一半，你可以在店里的现货中每种颜色各买一枝。我东拿西取，凑足了十二枝用来送给帕特·巴克利，让他在动身去威尔士之前活跃一下他屋里的气氛，除此之外，实在不知道还能用什么其他方式感谢他。

我们在大街小巷徘徊，去探访隐秘的花园和小径，与摄政公园相比，我觉得切尔西、肯辛顿、骑士桥全都娇美而不自然。斯科特夫妇住在那里，已司空见惯，我告诉斯科特太太，如果我能够在伦敦拥有一套公寓，我想住在摄政公园旁边，她说那儿不叫摄政公园，叫马里波恩。

他们在格洛斯特广场有一套宽敞的公寓，她晚餐做了出色的三文鱼慕斯，上面浇了很多奶油。三文鱼在这里是一道上乘的美味佳肴，人们上这道菜来表示对客人的尊敬和欢迎，就像我们家乡用菲力牛排或龙虾来招待客人一样。

十点左右我回到酒店，独自在休息室里待了一个小时，但是好景不长，因为一位妇女走进来找人聊天。她说可一定要去见识一下位于中殿巷的圣殿教堂，你会看到两扇大白门，直通圣殿教堂的内殿和中殿大厅，门房会指给你看狄更斯写作《远大前程》的房间。遇到这种场合，也犯不着对她说我觉得《远大前程》很乏味，这样的结论可以终止谈话，但你知道，这和刚才的话题毫不相干。

她说圣殿骑士团[①]被埋葬在这座教堂下面，这就是它

---

①中世纪欧洲天主教的军事组织，十字军的精锐，后遭法国腓力四世迫害，成员纷纷渡海逃往英国。

被称为圣殿教堂的原因。她说教堂毁于二战，战后有人把所有骑士的遗骸挖了出来，现在它们被埋在一个共用的墓穴里，就在重建的教堂底下。这倒是个我想去一探究竟的好地方！因为，如果我没有这种打算，我会起身离开休息室，我猜整个夜晚她都会赖在这里。

两位妇女走了进来——才三十岁出头，穿戴简朴雅致，可能是教师，她们来自多伦多——好像那位“圣殿女士”曾指点她们去什么地方一日游，她们此刻来告诉她，她是多么卓有见地：乘船游格林尼治，去海洋博物馆。

“圣殿女士”觉得我也会对此感兴趣，因为我是美国人，她说格林尼治有清教徒[①]留下的文物，证明清教徒是从那儿上船的。可我一直认为他们是从普利茅斯出发的，但话没说出口，我克制住和她们三人探讨的愚蠢冲动，开始闲聊起来：“你们知道吗？清教徒的长老们若是发现哪个清教徒和母牛暧昧，他们不仅会将这个清教徒处以绞刑，连那头母牛也不能幸免！”

一位教师想知道我是不是作家，她们已在服务台听

①清教徒指1620年从英国抵达美洲并在美国建立普利茅斯殖民地的最早移民。

到很多关于我的事情。她们问我，如果明天能得到我的书，我能否好心为她们签个名。当然可以。前几天的一个晚上，我告诉过一位妇女，她很可能坐失良机，错过了剩下的最后一本没签过名的书，她只是困惑地望着我，没懂我的意思。

七月九日　星期五

罗素广场

上午十点钟，一名男士代表伦敦广播电台来采访我，我拖着他带上磁带录音机来到这里，在一个阳光明媚的夏日早晨，我才不愿坐在一间幽暗的旅馆大厅里。

他告诉我，上个季度有一部关于纳尔逊勋爵和汉密尔顿夫人的戏就是在这里拍摄的，剧本送到白金汉宫，又被送回出品人办公室，附有一个说明：

> 菲利普亲王认为你们对汉密尔顿夫人很不恭。女王延后做出裁定。

这里的每一个人都能告诉你一件菲利普亲王的轶事，

他们骄傲地认定了一个事实：他一点儿也不古板。人们都把王室视为亲戚是件很有趣的事，他们摆出那种与伊丽莎白、她的丈夫及孩子是堂兄弟堂姐妹的架势。所以每个人都可以畅所欲言地批评他们，亲戚还能是其他什么？伊丽莎白女王、菲利普亲王和查尔斯王子都是深受爱戴的。对安妮公主的感情就比较复杂，我遇到的大多数人都为她辩护。你问一个英国人："安妮公主看上去怎样？"

英国人会说："对，你必须记住她还非常年轻，这一切对她都是新的，毕竟她才二十岁，你不能期望——"

而你只不过是问了："她看上去怎样？"

但是他们对她的马术印象非常深刻。他们无比骄傲地告诉你："她的骑术为英国大争荣光！"

对王太后的看法也是复杂的（这令我吃惊）。一个女人告诉我："她的公众形象是媒体炒作出来的杰作。有一次在哈罗德百货公司，我就站在她身旁，捕捉到她的眼神，她有一双我见到过的最冷酷的眼睛。"

必须回旅馆和尼基的朋友芭芭拉碰头用午餐。她不喜欢咖喱的味道，但是她很大度，带我去了旅馆近处夏洛特街上的一家咖喱饭馆。

稍后又记

当我从罗素广场回到旅馆，服务台上有一张致谢的便笺。

> 极好的玫瑰花已收到——我写这张便笺时它们就搁在我的书桌上，使整个房间香气馥郁。多么体贴和关心——谢谢你。我刚刚和琼·埃利通了电话，她和特德昨天晚上入住康诺特酒店。我感谢她介绍我们相识。我将在十八日返回，一定还要在伦敦。
>
> 匆就
>
> P.B.

我定于十五日离开，是星期四。

一九七一年七月六日

经由打字机传送

海莲通过芭芭拉致尼基：

两个问题，第一，你要的连环漫画《安迪·卡普》已断货，想想看还有什么更有意义的东西让她带给你？第二，她想知道苏豪区两个正宗印度咖喱的店名。一切安好无恙。

尼基回复芭芭拉：

非常感谢转发海莲的这些信息，她的明信片让人觉得她正在尽情享乐。你和她见过面吗？

——还没有，但是约好这个星期五和她共用午餐，你为她找到咖喱了吗？

——还没有，将和我的印度朋友合计此事。刚休假回来，告诉她我在恋爱。

——你真行！BI

一九七一年七月八日

伦敦格林尼治标准时间十五时十分

尼基致芭芭拉：

两家咖喱店店名是穆基咖喱和穆基马萨拉姆。还有你能把下面来自肯恩·米尔斯的信息转告给她吗？在西部赛区道奇队的根基全都丢失，还不如弃之而拿起板球更好。玩得开心，谢谢！

尼基：

就此结束。

——好的，尼基，我会转告。**BI**

一九七一年七月九日

致纽约尼基：

刚刚和海莲一起用午餐，现在匆匆为你涂写以下信息。布鲁姆斯伯里街的女公爵说，见鬼，怎么可能全输了，这才七月！当她回来给他们助威时，纽约大都会队必将旗开得胜。女公爵说，没有她的许可不准订婚，她必须先考察他。就此收笔。

七月十日　星期六

我觉得每一个工作者在星期六下午休息是天经地义的事，但是在这里他们却乱成了一锅粥。

我到福特南－梅森百货公司买了一些小礼物带回家送朋友，买完东西正值午餐时间。百货公司里面有一家香气袭人的咖啡馆，所以我欣然而入。有一长排的人在等桌子，但是有几个柜台座位还空着，我爬上一把凳子，拿起一份菜单。坐在我两边的人都被照应着，女招待手忙脚乱地奔来奔去，我一直等到她给每个人都端上了茶和水果馅饼，在她终于转向我时，我说："我想要一——"

她说："我们要打烊了，女士！"我说："你们什么？"她说："我们收工了。"

她指着一个服务生，他正拿着一个直立的支架向门口走去。他把支架放在一长列排队等桌子的顾客前面，不用说，支架的牌子上写着：关门休息！

在一个商场开门的星期六正午，里面挤满了购物者，而咖啡店却打烊了。这就是我说的，因为有个强势的工会。

今天下午去看圣殿教堂。出来的时候下雨了，于是我乘巴士回家。你坐这些巴士的时候得当心，有一块标牌写着："在招呼你下车之前，请勿自行离开车厢。"相信我，那是为了你的健康。

司机坐在巴士的一端，背对着乘客。理论上说，售票员是在另一头你下车的地方。但是他还得在车内来回地跑，问新上车的乘客要去哪里，给他们车票，收钱、找零钱，而巴士是双层的，所以他有一半的时间在上层。

如果车子到了你要下的站他还在巴士上层，千万别下车，宁可坐着眼睁睁让车开过你要下的站，一直等到他下来。因为如果售票员不在位置上用信号通知驾驶员让你安全下车，驾驶员不会在你下车的街角真正停下，他只是到那里减慢速度，停顿一下马上径直开走，只当你已经安全下车。我小巧灵活，敏捷地跳下了车，即便如此，也差点儿给摔得鼻青脸肿——我的左脚还在最后一级踏板上，巴士就开动了。

我刚刚打电话给入住康诺特酒店的琼·埃利，感谢她让帕特·巴克利带我了解伦敦。她说星期四晚上过来用晚餐，她想知道所有的事情。

七月十一日　星期日

我保留了三个最精彩的景点——威斯敏斯特教堂、伦敦塔、圣保罗大教堂——作为最后一周的游览内容。我很高兴做了这样的计划。想到就要去游览它们，我摆脱了即将回家的沮丧，我还不想回家。今天早晨在极度的兴奋中醒来，因为下午希拉、诺拉和我相约去威斯敏斯特教堂。

里面全是从来没人告诉过我的奇特故事——比如有一块纪念约翰·安德烈少校的匾牌，上面写着："即使他的敌人也为他哀悼。""他的敌人"是我们反叛者。安德烈是英国间谍本尼迪克特·阿诺德泄露给我们的。美国人抓住他并绞死了他，就像早些时候英国抓获并绞死了南森·黑尔。但令人难以置信的是，美国有那么多历史学家，他们对安德烈的死所寄予的悲悯和同情，胜过了对南森·黑尔之死的痛惜。南森·黑尔是个贫困的农场男孩，而约翰·安德烈是个风头十足的英国贵族——瞧！安德烈的驻扎之地是阶级意识强烈的费城，你最好相信，他确是“被他的敌人哀悼”。

当我发现亨利·欧文葬在威斯敏斯特教堂里，而埃伦·特里却没有这样的殊荣，我大为愤懑不平。亨利·欧文是一个像加里克一样的传奇式演员，是十九世纪九十年代伦敦人的偶像，埃伦·特里是他戏中的女主演。看了她和萧伯纳的通信，我非常喜爱她。把欧文葬在威斯敏斯特教堂；而埃伦的骨灰，据希拉说被放在考文特花园市场附近一座小的演员教堂[①]里，我认为这纯粹是男性沙文主义，我要去演员教堂。

时代的标记：有一条长凳置于一座坟墓的对面，所以你能看到的碑文只有：“鲁德亚德·吉[②]——”

我们出来后，经过了陆军部。今天是个大热天——华氏八十四度，属于伦敦的高温天气。在陆军部门外的烈

①即伦敦考文特花园圣保罗教堂，因与剧院长期合作而得此别称，1631年由英国著名设计师伊尼戈·琼斯设计。

②指英国作家、诗人鲁德亚德·吉卜林（Rudyard Kipling，1865－1936）。

日下，一个卫兵坐在马背上，戴着一顶坚硬的黄铜护鼻头盔，一定已被太阳烤得滚烫。他还穿戴着厚重的羊毛制服、长皮手套和长筒皮靴，身下掖着一块波斯羊皮马鞍毯，手持着一支由于高温而微微弯曲的长矛。为了俄国前线，他枕戈以待，在一个酷热的星期日，独自用一支弯曲的长矛守护陆军部的原子武器秘密。就靠他和他那匹披盖着羔羊皮的马！

希拉说，他是在那里逗乐像我这样的游客，他就是我们要寻找的身着化装奇服的伦敦。也许是这样吧，但我能够远远听到一个来自威尔士的柔和声音在说："在漫长的七百年中，他们从没漏过一个夜晚。"

在回海格特区吃晚餐的途中，我们在华特洛公园停下，它的地势远高于市区，公园的日晷上刻着以下文字：

> 这个日晷和圣保罗大教堂的拱顶处在同一水平面上。

也就是说，当你眺望群山的时候，教堂穹顶和你的眼睛是在同一高度的。

在公园的中央，有一座两层楼的屋子，它有个离地面很高的阳台。希拉告诉我这是查理二世为妮尔·珪恩建造的。妮尔在这里为查理生了个儿子，她要查理给婴儿一个名分，可他一直不置可否。所以有一天，当她看见国王骑马奔向这屋子来见她，就抱起婴儿走到阳台，对着下面的国王喊叫："如果你不给你儿子一个该有的头衔，我就摔死他！"

查理二世喊道："夫人，别把公爵摔下！"

这就是这个婴儿得到爵位的故事。

稍后又记

埃娜刚刚打来电话，他们回来了，约我明天晚上一起用餐，然后看一下他们在伊林的公寓。她和利奥在hoppusseven（七点半钟）来接我。这里没有人把"六点半"说成"six-thirty"，或把"七点半"说成"seven-thirty"，他们说"hoppussix"和"hoppusseven"。还有"时髦的"，在美国说"in"，而这里说"trendy"；"放弃"，他们不说"give it up"，而说"pack it in"；"没关系"不说"never mind"，而说“not to worry”。

当他们的发音和我们相同时，他们的拼写却不一样了。比如“一根勒马绳”（a curb ）拼写成“a kerb”，“一张支票”（a check）成了“a cheque”，“一只球拍”（a racket）成了“a racquet”——还有更加让你迷惑不解的，“监狱”（jail）被拼写成“gaol”，但发“jail”的音。

报摊是“kiosk”，地铁是“tube”，烟店是“tobacconist's”，药房是“chemist's”，巴士是“coach”，卡车是“lorry”，分期付款购物是“hire purchase”，现买现卖是“carry and wrap”。正如萧伯纳曾经说过的，我们是由一种共同语言分化出来的两个国家。现在我得上床，因为已经quataposstwelve（十二点一刻）了。

七月十二日　星期一

哦，美妙的一天！

从现在开始，我要在我的所有祈祷中提到《读者文摘》。我从服务台上收起我的信，有一封是寄自伦敦《读者文摘》办公室的，我猜是三页新稿的版面校样。我拆开信，里面竟是一张五十英镑的支票，我觉得我快要乐死了！

我找到奥托先生，问是否能把我的订房时间延长十天，听到这话他吃惊地说："你以为我们会把你赶出去?!"他的舌头发着咯咯声。

我飞奔到街上，去多伊奇公司把这个消息告诉每一个人。卡门说，《周日快报》的安·爱德华兹想在星期三午后采访我。

"你猜在哪里？萨沃伊酒店的河景厅！这可是伦敦最

神圣的地方，我太为你高兴了。”

塔默先生不能兑现我的支票，他说，这种类型的支票只能在银行兑换。那就明天拿到银行去。

我打电话给诺拉，告诉她这个消息，她将在星期五为我举办一次自助晚餐，让我和所有的珍品书销售商会面，她之前就计划要做这件事情，但他们全都在“度假”。

乔伊丝·格伦菲尔来电话谈到明天晚上的聚餐，她写了一张便笺寄来，上面详细说明了怎样乘坐巴士找到他们的公寓。在伦敦市内，你星期一寄出的信，星期二准能收到，这点给我留下深刻的印象。在纽约，你若在星期一寄出一封信，哪怕收信人仅一街之隔——也许要到星期三才能收到，很可能要再等到星期四。

就这样，我忙于我的社交生活，然而我面临的窘迫是：我不能在后面的两个星期再穿同一件衣服。上帝保佑我的民主党俱乐部和我的兄弟，我带着礼品券和最后剩下的备用现金去哈罗德百货公司，埃娜说，那里有一个夏季服装清仓大拍卖。

稍后又记

哈罗德百货的清仓拍卖标价过高，而且主要是滞销的过膝半长裙。我回到街上，再跑去哈维·尼克斯百货商店，买了一件打折出售的暖白色亚麻布衬衫，然后返回哈罗德，用礼品券买了一只折价的沙色肩包。我把所有的东西转移到它里面，然后把我那只白色的旧草包扔进哈罗德百货的废物篓里，它已经松散脱垮一个星期了。

我坐了一辆出租车到约翰逊[①]故居，在柴郡奶酪餐厅吃了午餐（钱对我算不了什么），然后到《标准晚报》报社见瓦莱丽——那个我初来乍到时采访我的女孩——和她做《标准晚报》的再度访谈。（我来了有些日子，他们想知道我对这里的感觉。）我在那里的时候，我的新肩包拉手断了，这让瓦莱丽非常吃惊，我说："这就是它打折的原因。"她说："是的，但不该是哈罗德！"还没听到有人用那种口吻说过"邦威特百货"。

她介绍我到弗利特街上的一家小店去修理，当那人为我修理的时候，我问他可否指点我怎样去布鲁姆斯伯里

---

① Samuel Johnson（1709－1784），常称约翰逊博士，《约翰逊字典》的编纂者，文评家、诗人、传记作家，英国最有名的文化名人之一。

街，我想走回去。他说：“往下走到欧－伯恩街，就跟着那路巴士走。”

我寻找欧－伯恩街，又去寻找奥伯恩街，最后鬼使神差地走到了他说的那条街：海伊霍尔本。这就是他们所说的伦敦口音吧。

是时候了，该到那虐人的淋浴器底下去蹲着，然后出来套上新装，去跟利奥和埃娜见面了。

午夜续记

利奥带我们到一家豪华的海鲜餐厅用晚餐。那些贝类海鲜的样子虽然看上去和家里的一样，但味道却迥然不同。这里的蟹肉和龙虾肉非常肥腻，可惜味道清淡，对重口味的美国食客来说，在你习惯之前，几乎是食而不知其味。

他们载着我去他们的公寓，我看到了埃娜为海莉·米尔斯和帕梅拉·布朗画的肖像。我对帕梅拉·布朗有一份特殊的喜爱，这源于一部名叫《我走我路》的英国老电影，而且我看过她在舞台上献演的《不可儿戏》。

我对油画一窍不通，即使喜欢它也说不出一个门道，但是那上面一张张脸却在对你投睛传神。我大为折服，我对埃娜说，你刚从学校毕业，就如此聪明过人，而且金发碧眼，美人一个，简直有点儿天理难容。

利奥宣称，他要去为我调制他特有的夏季饮料，在这方面他是小有名气的。他一溜烟进了厨房，只听到里面乒乓作响，顷刻他拿了高高的三大杯饮料出来。晚餐之后我一般不喝酒，再说也不太喜欢碳酸类饮料，所以我说不出这种大杯酒和其他的有什么不同。我抿了一口，说道："这是姜汁汽水，对不对？非常好喝。"

"这是杜松子补酒。"利奥说，他有些扫兴。

"喝不出杜松子酒的味道，不是吗？"我说，他流星似的跑回厨房去拿来杜松子酒瓶。乐得埃娜笑弯了腰，发出一阵妻子特有的尖刻笑声。

"这就是他的特制饮料，他如此引以为傲！"她气喘吁吁地说，又爆出一阵乐不可支的大笑。我好窘迫，我告诉利奥我一生都在说错话。他在我的饮料里加了一些杜松子酒，然后坐下，看着我又呷了一口。见我喝得差不多了，他说："小东西想求你一件事。"

我看着埃娜说：“什么事情？”但她只是紧张地笑了笑。

利奥说：“她想给你画像。”

我说：“你这是疯啦！”

我知道，画家在我们常人觉得平凡无奇的脸上能看到块面和棱角——但我还是不能理解，为什么有人会想画一张平淡而普通的中年人的脸。我把这想法告诉埃娜。可她觉得，我有一张有趣的脸，“它时时都在变化”。我说但愿如此吧。

我从没感到过如此为难。我一生都在逃避拍照——而此刻，在埃娜真诚的要求下，我会坐下让她画吗？她只需要我坐上几次。“也许三到四次，行吗？”她那张焦虑的小脸渴望地窥视着我。

我对她说，我可以让她画，但有两个条件：第一，她必须在罗素广场画我，我不要坐在室内的某个画室里；第二，她必须答应我，无论在作画中途或告成之际，都别让我看这幅肖像。

她同意了这两个条件。这个星期她将把一些事情了结掉，我们下个星期开始。

七月十三日　星期二

手忙脚乱的早晨。

乔伊丝·格伦菲尔的便笺寄来了，里面有今天晚上怎样找到她公寓的详细说明，但是没有提到怎样找到齐普赛街上的圣玛丽·勒博教堂，中午她和牧师在那里对话。我在我的地图上找到了齐普赛街的位置，然后决定在去那里之前，先把《读者文摘》的支票兑换成现金。

我去了最近的那家银行，然后又去了街对面的另一家。两家银行对一个完全陌生的外国人要求兑现《读者文摘》的支票都感到吃惊，他们拒绝验看我的身份证明，既不打电话给《读者文摘》，也不为我向多伊奇公司求证，说银行没有这种规矩。

我去了第三家银行，那里的一个出纳员把我转给一名银行职员，他和另一名职员商议后回来说，如果我把支票寄到我纽约的银行，岂不是更好？我解释说我现在需要现金，这使他大为惊愕。你不能对一个银行业者说“我需要现金”。

我告诉他我纽约的银行是化学银行，问伦敦可有它的支行？他说有的，态度极勉强，他怀疑这家银行是否会兑换这张支票。（他说“可能”。）我跑去化学银行——他们要我出示这，出示那，除了我的牙齿，然后他们付了现金给我。没有什么比那些在杂志、电视上显摆热情和友好的银行广告更让我愤怒的了，我光顾过的每一家银行，差不多都像眼镜蛇一样和颜悦色！

此时，离我必须到达齐普赛街的时间仅剩半个小时。我跳上一辆巴士，发现忘了带地图。我对售票员说，我要去齐普赛街的圣玛丽·勒博教堂。他让我在圣保罗大教堂附近下车，指着一条远处的街道说：“往那个方向走一些路，然后朝左拐。”

我往那个方向走了一段路再左转，在这个方向走了一段路再左转，再右转，问了六个人，结果全都是游客。一辆巴士慢慢停靠在街角，我向售票员呼喊，问他能否告诉我怎样去圣玛丽·勒博教堂，他喊着回答："抱歉，亲爱的，我是第一天打这份工！"

我祝他好运，他说也祝我好运！继续前行，我错进了三个教堂和一个哥德斯密会所，转了很多有趣的小巷，但就是没找到圣玛丽·勒博教堂。这时候，她和牧师的对话反正也结束了，我干脆躲进一家烟雾腾腾的酒馆，自个儿美美地饱餐了一顿。

午夜续记

乔伊丝在门口迎接我，领着我浏览了客厅的墙面，墙上挂着格伦菲尔和兰霍恩家族的画像和照片。她母亲是弗吉尼亚州兰霍恩家族众姐妹中的一个。一个姐妹嫁给了查尔斯·达纳·吉卜森，是"吉卜森少女"的原型。另一个姐妹嫁给了阿斯特勋爵，从而成为著名的阿斯特夫人和下院议员，第三个姐妹嫁给了乔伊丝的父亲。

墙上剧场的照片很少，一张秣市[①]大遮檐的照片最令

---

① 又称干草市场，是伦敦的剧院区。

乔伊丝自傲，灯箱里有她的名字。秣市有规定，禁止把明星的名字放入灯箱，灯箱里只能显示剧名。但是乔伊丝演的是个人秀，她不仅是明星，她的个人秀也以她命名。

她送我一本弗洛伦斯·南丁格尔的传记，她觉得我会喜欢。她每天都把她的闹钟定在六点钟，然后在床上阅读到七点钟。她说如果她不养成这种习惯，她永远挤不出时间去阅读。照这么说，我看她该是博览群书了。

当我发现别人是多么博学多识，我总为自己的相形见绌而羞愧不已。你如果看到那长长一列我没读过的名著和作者，恐怕不会相信。我的问题是，当别人读了五十本书的时候，我还在五十遍地读一本书。只有在读到，比如说第二十页最下面几行时，我发现能根据记忆背出第二十一页和第二十二页，这时我才会停住，把这本书束之高阁，几年不去问津。

晚餐之后他们开车载着我在切尔西一带转悠，指给我看他们结婚时住过的房子，乔伊丝告诉我，他们差不多是青梅竹马。

“我十七岁那年雷吉刚从牛津大学毕业。我第一次和他打网球时还梳着辫子，我只在晚上把它们向上盘起。”

他们把车开进伦敦的老城区，指给我看圣玛丽·勒博教堂。现在可以拼写它了：Mary-Le-Bow's Church，只有英国人能把“Bow”接在“Le”的后面。光线实在太暗，看不见我错在哪里。

他们一直在和颜悦色地争论带我去看什么。

“哦，不是圣保罗教堂，亲爱的，她大概去过了。”

“她兴许喜欢看它的灯光，雷吉！”

“灯光下的教堂她怕是看过不下四五次了，你何不让她去看佛里特街？”

我在后座大声嚷道，我想看看伦敦的贫民窟。

“恐怕，”乔伊丝温和地说，“根本就没有。”

这个事实再加上英国的免费医疗制度，你就知道所有你该了解的——资本主义和社会主义之间的差异是什么了。

七月十四日　星期三

《周日快报》的安·爱德华兹带我在萨沃伊酒店用午餐，她不相信我对伦敦不感到失望。

“当听到你要来，”她说，“我想给你写信说，‘亲爱的，别来。你晚了十五年’。”

因为什么，是因为威斯敏斯特教堂？

我试图告诉她，如果你一生都在梦想着要看威斯敏斯特教堂、圣保罗大教堂和伦敦塔，有一天你发现自己真的到了那里，它们是不可能让你失望的。我告诉她，和她分开之后，我终于要去圣保罗大教堂了，我能向她保证，它绝不会让我失望。但她一辈子住在伦敦，她无限依恋早先的日子，回味着她家拥有一辆地道劳斯莱斯时的情景：“每一次启动，它会轻轻一咳，活像一个谨慎的男仆。”

萨沃伊酒店河景厅很美，食物也不同凡响。(我更喜欢克拉里奇饭店，但我把克拉里奇饭店浪漫化了。）有蟹肉和热月龙虾两种，我哪一样都无法吃完，每份菜的量都很多，不过，我还是把奶油草莓吃光了。英国奶油是能让人吃上瘾的——我在这里每次吃草莓时，都会想到英国教士的评论:“毋庸置疑,上帝本能够做出比草莓更好的浆果;毋庸置疑，上帝从来不去做。”

午餐后她和我沿着堤岸漫步，她指给我去圣保罗大教堂最快捷的路线。沿着河岸漫步令人心旷神怡，约翰·邓恩的大教堂隐隐约约在前面显现。当我举步之际，我想到了约翰·邓恩，他是我唯一听到的由于爱上一位好女子而真正浪子回头的人，他和伦敦塔治安长官的女儿私奔，她那愤怒的爸爸把他们投入伦敦塔监狱,约翰被关在一侧，他的新娘在另一侧，他送给她一张便条，是它让我知道他把自己的名字读作“邓恩”,而不是“多恩”。便条上写着:

约翰·邓恩

安妮·邓恩

完。

他还有一点儿古怪痴狂。安妮死后，他请人给自己做了块石头裹尸布放在床上，傍着它睡了二十年之久。如果你以天使的仁爱之心来写他，有点儿癫狂该是无可指责的。

我走上了圣保罗大教堂的台阶——终于，终于，在多少年之后？——进门站在那里仰望它的穹顶，步入宽敞的走道走向圣坛，想象着那个夜晚国王詹姆斯召唤他时他的感觉。至少在这一刻，我不会用我从未读过的几百本书来交换我几乎熟记在心的那点学问。我至少有十年没打开过沃尔顿[①]的《贤人传》，站在约翰·邓恩的大教室里，那整个优美的章节就在我的脑海涌现：

> 当他的陛下坐下，以和蔼可亲的口吻说："邓恩博士，朕邀请你用晚餐，虽然你没有坐在朕的身旁，朕还会切下一道朕知道你很爱吃的菜肴。因为知道你爱伦敦，朕特此任命你为圣保罗大教堂主持牧师，

① Izaak Walton（1593－1683），英国作家，著有《钓客清谈》，以及以约翰·邓恩等五位英国文化名人为传主的《五人传》。

当朕用完餐，你把你喜欢的菜带回家，放在书房里，
对自己说承蒙恩典，愿它能给你带来鸿运。”

正如伊莉莎·杜利特尔所说，我敢断定我做对了。

有几名导游带着庞大的旅游团，每位导游都采用千篇一律的解说词，只是有的用英语，有的用法语，有的用德语，这些不同的语音相互碰撞着。我尽可能远离他们，一个人转来转去。我到了一个侧廊，观看那里所有的匾牌和胸像，我绕着圣坛走，开始退到另一侧去看更多的匾牌和胸像。尽管如此，我还是差点儿漏掉了它，它有一个奇怪的形状，既不是一座胸像，也不是一座全身塑像，于是我停下，读那些铭文。原来，在我前面，挂在圣保罗大教堂墙上的是约翰·邓恩的裹尸布。

我摸了摸它。

有一个小礼拜堂就在那道门里，上面一块匾额上写着：“圣邓斯坦礼拜堂。个人冥思之所。”我进去做了感恩。

我确实是晚来了十五年之久。

七月十五日　星期四

今天上午，《读者文摘》的肯恩·埃利斯和他那位漂亮的助理及一名摄影师来了，给我拍照。我粗着嗓子，老生常谈地抱怨了一通，其实心中不然（若不是《读者文摘》，这会儿我已经飞到亚特兰大上空了），我逆来顺受地和他们一起回到查令十字街84号，进入楼上阴冷的空房间，坐在窗台上让他们拍了照。肯恩为我把所有那些脱了漆皮、锈蚀不堪的白色字母都铲下来，它们拼起来是“马克斯与科恩书店”，我想把它们带回家去。

（想到九月的哪一天，当我准备秋季清扫时，将会想到它们并问自己：“你要这些东西何用？——是为了成为一个老妪时能对着它们以泪洗面？”于是我会把它们扔掉。）

他们带我去惠勒餐馆用午餐（这是大家都想带你去的著名海鲜餐厅），肯恩向我解释为什么这里人人都讨厌新货币。这是因为英国人所追求的与众不同，十进制的系统虽然比老的十二进制的系统要简单得多，但是老货币是属于“他们的”，没有其他国家拥有这种货币，没有其他人能弄懂它。他说，因为同样的理由，他们讨厌欧洲共同市场。他们不想作为欧洲的一部分，他们想分离出来，想不一样，想桥归桥、路归路。他以一个老的头版新闻——早已成为这里人人知晓的幽默语——为例来做说明，在那段整个岛屿被大雾笼罩的坏天气里，一家英国报纸的头条标题是：大雾隔离了欧洲大陆。

我将和埃利夫妇共用晚餐，琼刚刚打电话来，提醒我康诺特酒店是非常老派的，还不允许女士穿裤装进入餐厅，我不失面子地告诉她，我有两条连衣裙。

晚上十一时

康诺特酒店在格罗夫纳广场附近，所以到了那里我首先去看了罗斯福纪念碑。有人告诉我，罗斯福死后英国政府决定通过公共捐款为他建造纪念碑，并把个人捐款的数额限定在一先令，这样每个人都能捐款。他们宣称只要有必要，捐款将以一先令的款额持续下去。

捐款在七十二小时后就停止了。

这个故事比纪念碑本身更令我感动。这是一座富兰克林·德拉诺·罗斯福的铜像，他巍峨屹立，手执拐杖，肩上的披风扬起。雕像尽显他的容貌特征，但却没有体现他的气质和风骨。我不喜欢富兰克林·德拉诺·罗斯福双腿站立的雕像，要知道在他的整个白宫生涯中，他这双腿是萎缩的。如果你无视这样的事实——是一个腰部以下饱受瘫痪之苦的病者创造了巨大的历史功绩——你就不可能对他做出正确的评价。我宁愿把他雕塑成坐着的，像往常那样用毯子盖着双膝，遮住他那双萎缩的腿。另有不足之处，就是雕像忽视了他那张坚毅的脸上所固有的豪迈和幽默。因为这座雕像的脸上一点儿也没有豪迈和幽默之气，所以我不觉得它有多么重要。不管怎样，知道有这么多英国人热爱他，真的好高兴。

琼和特德·埃利依然那样令我惊讶。在纽约，他们读了我的书后邀请我吃晚餐，他们住在第五大道一套十分别致的公寓里，屋里全是光亮的红木家具和老式地毯，色调柔和温馨，我想他们是我所见到过的最漂亮的夫妇。两人的身材都修长、挺拔，都是满头浓密的灰发，都有一张五官匀称而安详沉静的脸——当琼无意中告诉我，他们已经年届七十四五岁了，我惊得目瞪口呆。他们的健美端庄简直无法想象，了无岁月留下的痕迹，就像一部二十世纪三十年代电影里的父母形象——一个初次参加社交活动的少女的父母。

用晚餐的时候我们谈到帕特·巴克利。我寄了一张便笺给他，告知他我在这里还会逗留两个星期。琼说，也许他会带我们三个去什么地方。

一辆雇用司机驾驶的豪华轿车把我送回旅馆。我不知道当我回到家里，人们怎么指望我能再适应第二大道的生活。

埃娜来电话说，星期日上午怎样，我有空去坐坐吗。那是我在喝了些杜松子酒之后答应下来的事情。

七月十六日　星期五

刚从诺拉的自助晚餐会回来——我迟了一个半小时才抵达那里，我是贵宾，我的意思是，今晚一出门就如坠深渊。

今天早上诺拉打电话给我，说有一辆车会在七点十五分来这里接我。所以像平时那样，我七点钟就穿戴好，在大厅里等候。七点十五分没有车来，七点三十分也不见车的影踪，到七点四十五分，我断定诺拉的朋友必是忘记来接我了，我打电话给她，她说她已经为我订了一辆出租车，“会载着我风风光光地到场”。可它根本没来。她对我说，快到街上去拦一辆出租车，我跑了出去。

我走到街上，叫住一辆车，一头钻了进去。显然，伦敦北部和布鲁克林南端是半斤八两，而伦敦出租车司机和纽约出租车司机的德行也如出一辙。我把诺拉的地址给了司机，他盯着我看，面孔像上了蜡似的。

“我不知道这是什么地方，夫人。”他冷冷地说。

我天真地解释它在海格特一带。这时他注视着前方，用同样没有表情的声音重复：“我不知道那是什么地方，女士。”

我懂了，下了车，花了十分钟等下一辆出租车出现，坐了进去。我给司机看诺拉的地址，我们做了同样的看手势猜谜游戏。而这个司机是如此急于摆脱掉我，我下车双脚还没着地，他的车就嗖地蹿了出去，我跌倒在地，双腿叉开。瞧，我成了这副模样，我满腿是血，时间已是八点十五分了，而为我举办的晚餐会于七点三十分开始。我不可能回到客房清洗伤口，换上新的长袜，因为这会让我再晚十五分钟抵达。

我回到旅馆大厅向接待员请教，他说我需要叫一辆微型出租车，它可以载我去任何地方。伦敦的微型出租车等同于纽约的大型豪华轿车服务（花费也相差无几）。接待员为我打电话给微型出租车服务台，一辆车十分钟之后到了。司机告诉我他名叫巴里，是医院的一名实习生，晚上开微型出租车赚点小钱。他这趟去北伦敦丘地的那副架势，就像他有一份我们两人的死亡意愿在手。但这没关系，他把我们载到了那里，一路上让我度过了一段快乐时光。

他告诉我，他在加拿大麦吉尔大学读书，暑假去曼哈顿打工。到达纽约的第一天，他发现自己站在百老汇大街和四十二街交叉口的交通安全岛上，他不知道自己身在何处，只知道自己想去时代广场。见一个警察在指挥交通，巴里想问方向，上前从后面拍了一下他的肩膀。顿时，这位警察，这位忠于传统礼节和助人为本的“纽约卫士”，一转身就用枪口顶住了巴里的肚子。

“我只是想问怎样去时代广场，警官先生。”巴里说。

“是那样吗？”警察说。

“我是一个游客，我迷路了，”巴里解释，“我是英国人。”

“真的吗？”警察说，他没把枪从巴里的腹部松开。

于是巴里彻底认输，说道：“警官先生，如果你想杀我，请往后退退，这样你不至于杀死我后面的四百个人。”

警察放了他，巴里穿过马路，问一个过路人怎样去时代广场。过路人认真思考了这个难题，然后说：“走过一个街区，左转弯；走过一个街区再左转；再走过一个街区再左转，你就到了。”

巴里就这么绕着这个街区打转，如此，他才发现自己始终是在时代广场上。他一直在找一个英国式的广场——里面有个公园的那种。而那个过路人不知道的是：在伦敦你同样可以走过一个街区，左转，走过一个街区，左转，又走过一个街区再左转——但你并不会回到你起步的地方。

他曾挨家挨户上门推销《不列颠百科全书》和自来水笔。大多数家庭主妇在他面前砰地把门关上。（“我常常不得不喊叫：‘夫人，请开一下门，好让我拿回夹住的领带！’”）所以他改行到伍尔沃斯连锁店展销自来水笔。他发现打入那个系统的方法就是精于此行和被升格为教师。“教导别人怎样展销，”他解释，“这样至少你可以坐下来。”

他把我送到了诺拉家，说午夜时分会来接我回家。

我真想敲碎诺拉的脑袋，她都没有告诉客人，我在七点十五分就准备妥当并在等车。一位女士转身对我礼貌地说：“您会不会介意我问一下是什么事耽搁了您？”我几乎厥倒，一时语塞，唯有和希拉一起匆匆上楼，隐身在她的房间里，直到我安静下来。我太沉不住气了。

所有的书商都用行业里的轶事来引我高兴。他们告诉我，战后有太多的书而书店缺少足够的空间，所以伦敦的所有书商把成百上千本旧书埋到街上炸出的弹坑里。如果新建的大楼能被拆掉，重建的街道能被挖开，这些被埋葬的价值连城的书就能重见天日。我眼前突然出现一场原子战争的幻象，世界上所有的东西都被毁灭，除了这里或那里有一本旧书躺着,它刚从伦敦地下的深处被炸飞出来。

每个人都带来小礼物送我，我觉得我对其中一件有点儿失敬了。一位经营签名书的迷人女士，送我一本精美的记事本。自从我把我那本旧的变成一个日历之后我就想要一本新的。当夸里奇书店的珍本书书商把他的名字和书店地址告诉我时，我把它们写在这本新的记事本里，但随后而来的一片沉默让我意识到在这本笔记本上写字是一种亵渎。我有一种恐怖的感觉，这本笔记本纯属那种只能观赏、切勿动用的古董。我要这种不能用的笔记本做什么?我常常因这类事遇上麻烦。

巴里在十二点钟准时来接我回家。他告诉我，如果走那条路，就能去他的医院，圣巴塞洛缪医院，他说从亨利八世门进去，可以看到小礼拜堂，非常漂亮。我写下他的名字——巴里·戈德西尔——写在被我亵渎了的笔记本上，问他所在的专科是什么。他说：“妇科。”我说：“太晚了，亲爱的，我不能为你做些什么。”

七月十七日　星期六

帕特·巴克利回来了，从拉特兰门寄来的那封信中写着：

> 在这里等你，十九日，星期一，十一点整，和查理二世同饮雪利酒，和查尔斯·狄更斯共进午餐。
>
> 匆就
>
> P.B.

我想，我得事先在狄更斯上补补课。所以早餐之后我就步行去道堤街的狄更斯故居。它就在罗素广场再过去几个街区。之前因为我对狄更斯没有太大的兴趣，所以没去那里——这你不能告诉这里的任何人，不喜欢狄更斯就是明显的离经叛道。我是说狄更斯是英国这个大家庭的上帝。

除了帕特·巴克利，没有一个伦敦人对我提到过莎士比亚酒馆，没有人提到皮普斯地标[①]，没有人提到温坡街——当你打听萧伯纳向他“绿眼睛的百万富婆”[②]求爱的屋子时，没有人知道你们在谈论什么。但是每一个人都会告诉你匹克威克先生[③]在哪儿用餐，老古玩店[④]在哪里，一定要去看他写《雾都孤儿》的道堤街故居，这里就是卡姆登镇[⑤]，是鲍勃·克拉特基特[⑥]的居住之地。还有，门房会指给你看狄更斯是在哪里写《远大前程》的。

道堤街又是一条排列着整齐、狭窄砖房的街道，这些屋子依然令我心迷神醉。

---

①指英国伍斯特教区主教亨利·皮普斯（Henry Pepys, 1783－1860）在伦敦温坡街的诞生地。

②萧伯纳对他妻子的谑称。萧伯纳的妻子是爱尔兰富豪的继承人，她有一张照片，萧伯纳在反面写上“萧伯纳太太，闺名夏洛特·佩恩·汤曾德”。后又把它划掉，写上“绿眼睛的百万富婆”，于是传为佳话。

③狄更斯的第一部长篇小说《匹克威克外传》的主角。通过匹克威克和三个朋友外出旅行的遭遇，描写了英国城乡的社会生活和风土人情。

④狄更斯长篇小说《老古玩店》中的古玩店。

⑤狄更斯的故居当年属于这个小镇，后来才成为伦敦中心城区的一部分。

⑥狄更斯《圣诞故事集》中的虚构人物。

狄更斯故居的家具摆设酷似他居住在里面时的样子，他的工作室在屋子的后面，里面放着一整套第一版的狄更斯全集。

每个房间的墙上布满了有关狄更斯生平事迹的展示框——信件、素描、卡通画、含有他名字的剧院演员表（从来没有想到他是这样一位狂热的业余演员）。

所有参观这所故居的游客，绝大多数是英国人，都熟知每一幅素描和每一张卡通画里的每一个角色和每一个事件。简直难以想象。

我在坦佳餐厅用午餐，这是位于夏洛特街上的咖喱风味餐馆，然后步行去考文特花园瞻仰埃伦·特里的骨灰。教堂名叫圣保罗的考文特花园，但是当我走到考文特花园市场，却不见教堂的影踪。

我在周围徘徊，查看我的地图，然后又打量考文特花园市场。一个长着棕色胡子的年轻男子从后面飘然而至，从我身边走过，又突然转身，走回来问道："你迷路了，甜心？"

我告诉他我正在寻找演员教堂，他说："你是一个演员？"

我说不是，但我年轻时是一个失意的剧作家，我喜欢萧伯纳和特里的通信，我想去看看埃伦的骨灰。

“你真可爱！”他说，“没有人来寻找我们的教堂，除了同行。”

他是一个演员，失业了。他说，只需一直绕着市场走，直到看见一个小巷，穿过它，在街角转弯，你就会看到教堂。

我谢了他并祝他好运，他说：“也祝你好运，亲爱的！”他又飘然而去赶自己的路——我看着他的背影，我真是恨极了自己，因为我竟没有费神问一下他的名字。人不该这样，像风一样吹进你的生活，然后又在瞬间消失，连名字都不留一个。这正如狄更斯曾经指出的：我们都一起走在通往坟墓的路上。

我从考文特花园市场前面那条摊放着烂水果和蔬菜的人行道上择路而行，走到街角，看见了那条小巷，它有点儿像露天广场，用以停泊运载农产品的卡车，被扔满了垃圾。我穿过小巷，然后转弯，就在那里——一个小教堂坐落在它那绿色的院落中，在另一头有个花园。

教堂空着，我对此深感庆幸，我是个很容易动情和感伤的人，如果你是一个多愁善感的人，你可能永远不会知道是什么突然让你泪流满面。我想，可能是埃伦的骨灰吧。

桌子上有一堆油印的纸张，一块指示牌上写着，请每个来访者拿一张油印纸坐下来读，如此你会知道“有关你所到之地的一些事情”。

教堂是在十七世纪三十年代由伊尼戈·琼斯建造的。威廉·S. 吉尔伯特在这里施浸礼，威廉·威彻利在这里入葬，戴维·加里克在这里做礼拜。还有，恩林·伊格金斯教授第一次看见伊莉莎·杜利特尔在雨中卖花，就是在这个教堂的门廊下。

我沿着右边的墙走，读着那些匾牌以追怀去世已久的演员和剧作者。

差不多在墙的尽头靠近圣坛，一个铁格栅后面的壁龛里，有一个光洁无瑕的银瓮，里面正是埃伦·特里的骨灰。我甚感吃惊，我发现自己竟在对着骨灰瓮微微含笑，眼前是一片灿亮而快乐的景象。

我穿过中殿，沿着左边的墙往回走，读更多的匾牌，一直读到门边。就在门的里面，当我正要举步跨出之际，我的目光突然撞见最近处的一块匾牌：

费雯·丽

1967 年

我突然感动地流下了眼泪。

七月十八日　星期日

画像。

埃娜驾着一辆发着咔嗒声的小旅行车来接我，把我载到罗素广场，车就停在广场进口处。小旅行车的门是滑门，而我想当然地将它朝外推，差点儿把门弄坏不算，还几乎折了自己的手臂。埃娜甚为吃惊，她说："你简直和利奥一样！"他好像从来不懂得怎样摆弄机械。

我下了车，她在我后面出来，她总共才五英尺高，用力拖出一个六英尺高的画架、一只四英尺的油画箱、一块调色板、一些杂志和一台如手携电视装置大小的无线电收音机。她不让我帮忙：主角是不能打杂的。

我们安置好两把折叠椅——躺椅我坐，直背的她用——得知我坐的时候不必纹丝不动地保持一个姿势，我喜出望外，宽心多了。埃娜告诉我，可以朝后靠，也可以坐正了，可以四肢放松，可以活动甚至抽烟，只要脸对着她就行。然后她详细讲了怎样操作收音机。原来她带收音机和杂志是给我用的，好让我不至于感到无聊。我觉得好笑。

“在罗素广场我不会无聊，和你在一起我也不会无聊，”我对她说，“你作画的时候我们能说话吗？”

“噢，我就喜欢那样，”她说，“我的模特们没一个和我说话的，他们默默无声地坐着，一个小时接着一个小时。”

“在我看来，”我说，“那不太可能是你的问题。”

我的朋友——那位售票员，走过来，站在她后面看她作画。两位英国妇女、一个印度学生和一个拄着手杖的中年牙买加人，也都在旁边观看。

“她画得怎样？”我问他们，只是想表示一下友好。但是直截了当的开场白看来让他们尴尬了，他们含糊不清地嘟囔着“非常好”“很美”，然后没了影踪。埃娜谢了我，她说旁观让她感到紧张。所以从现在起，我的职责是嘘开那些纽约人称为马路监工的旁观者。在伦敦，你通过和他们交谈的方式嘘走他们。在纽约，和他们交谈反倒会促使他们对你喋喋不休地唠叨自己的琐事。

看一个肖像画家工作很令人陶醉。瞧，埃娜坐着，她那件红白相间的条纹连衣裙在翩翩舞动，她是如此放松自在，一边画画一边谈笑风生，还问着问题——从头到尾，她的目光在以令人难以置信的速度变换着，忽而向上投到我脸上，又忽而向下投到画架上。就这样，向上投到我脸上，向下投到画架上，上下，上下，上下，以一种飞快、敏捷而有节奏的动作交替着，像是一个高速摆动的节拍器，一个小时接着一个小时，她说着、笑着、画着，目光忽上忽下，从未停歇。我试着这样变换自己的视线，才二十秒工夫，就觉得眼睛的肌肉又胀又酸。

她画到一点钟，然后载我去肯辛顿用午餐。路上我们都不想说什么，因为小旅行车的咔嗒声就像纽约地铁那样震耳欲聋。英国的汽车在街上安静祥和地从你身边驰过，但坐在里面却那么聒噪。美国的汽车恰恰相反。

她带我去一家小意大利饭店吃午餐，距她和利奥的住所不远，名叫“潘泽尔意大利面暨比萨餐厅”，这是附近他们最爱去的地方。我享用了我在伦敦喝到的最好的马提尼，还有一份大蒜白脱鸡，那美味怕是到来世都忘怀不了！

听说我连一家画廊都没去过，埃娜深为惊愕。午餐之后，她不由分说拖我去了国家肖像画廊——在那里，和一个个老朋友迎面而遇，居然使我的心灵得到了净化。查理二世的模样正是他的本色，就是一个邋遢佬；苏格兰的玛丽一世看上去恰如原本的她，活脱脱一个坐在扫帚柄上的女巫；伊丽莎白一世看上去风姿绰约，画家抓住了她身上的每一个亮点——明亮敏锐的眼睛，坚毅挺拔的鼻子，白皙透明的皮肤和纤细柔嫩的双手，富丽高贵而又淡漠冷峻的孤傲。但愿我能知道，为什么玛丽和伊丽莎白的画像看上去总像是真的，富有生气；而莎士比亚的画像，是用相同的形式画于同一时代，但总让人觉得是一种守旧的传统风格，那么遥不可及。

我凝视那每一张脸，久久沉湎在十六世纪和十七世纪之中。我们将在下周再来观看十八世纪和十九世纪的作品。现在，我激情满怀，决心要一一拜见那里的每一个人。

上校来电话，星期三，他将载我去乡间用晚餐。

七月十九日　星期一

我说我十一点到达拉特兰门，那是骗人的！我总是担心自己不能“准点”到达，我总是叫一辆出租车，总是提早二十分抵达，然后在附近的街区溜达，直到时间够晚了才去按响他的门铃。我喜欢这样,这是一个有趣的社区。

他带我到坎农街马丁巷的老酒鬼酒馆，喝十一点钟的雪利酒。这是一六六六年伦敦大火中唯一幸存下来的酒馆。它建于一六六三年，自此以后它似乎没有什么变化。吧台上放着古老的葡萄酒小桶，木头桌子和木头长凳烙着时代的印痕，甚至菜单看上去也古色古香，我能够想象萨姆·佩皮斯在这儿点小牛肉和蜜饯馅饼的情景。

他带我到英格兰银行，那里的看门人和铺面巡视员穿着红背心和红马裤，他们弯腰致意，问我们早上好。（除他们之外，这里只不过是又一条伪善的眼镜蛇。）

我们在那里的乔治暨秃鹰餐厅吃午餐，菜单上有这样一句话：“匹克威克先生邀请大约四十五个第一次到伦敦的人在此和他共同进餐。”这家餐厅是匹克威克俱乐部的总部。狄更斯的卡通画挂在墙上。排骨和肉块是放在一个石头大壁炉的明火上炙烤出来的。

在乔治暨秃鹰餐厅的拐角处是“圣迈克尔·康希尔和圣彼得·勒普尔及圣贝尼特·芬克教堂”，我把圣贝尼特·芬克放在我最爱戴的圣徒列表中，位列两名新奥尔良圣徒之下。

追溯到一八〇一年左右，当美国买下路易斯安那的时候，美国商行入驻，做起了天主教圣像的生意，他们把一箱箱教堂圣像运往新奥尔良。板条箱上贴着“FRAGILE”（易碎品）和“EXPEDITE”（快运）的标签。新奥尔良人本是法国人，不识英文，不知道这两个词的意思，于是便想当然地断定这两个词是两个新圣徒的名字，他们的圣像就装在这些板条箱里。接下来的事情就众所周知了，新奥尔良最受人爱戴的圣徒成了圣弗拉吉尔（St. Fragile）和圣埃克斯佩迪特（St. Expedite）。

圣弗拉吉尔不久之后失宠了。但最近我听说，任何一天，你只要拿起一份新奥尔良的报纸，就还能在人事广告栏里读到：

感谢圣埃克斯佩迪特给予的
特别恩惠。

根据圣像显示，他是一个古罗马人，身穿一件宽大的长袍。我能对圣贝尼特有同样多的了解就好了，可是帕特·巴克利不知道他是谁。

我们在朗伯德街漫步，帕特·巴克利说伦敦的银行生意是在十五世纪初由来自伦巴第的犹太人创立的，每个放款人挂出一个标志来代表他的公司，从那时起朗伯德街的银行全都在黄铜铭牌上挂出标志。如今那些标志仍然在微风中摆动着：苏格兰银行的标志是一只猫和一把小提琴，另一家银行是一只蚱蜢，第三家是一匹跃起的马。帕特·巴克利不知道这些标志因何而来，也不知道它们最初是什么意思，它们已有数百年的历史。（接踵而来的是美国人，在朗伯德街开了一家银行，看着所有这些猫和小提琴、蚱蜢、跃起的马，说道：“听着，我们也应该挂出点什么！”于是迫不及待地挂出一只美洲鹰，我们民族没什么想象力。)

帕特·巴克利将在星期六开车带琼、特德和我去乡间一栋豪华古宅。他带我到一家珠宝店，去确定一枚为我定做的翻领饰针，这让我有些心烦意乱。它是金的，带有红白两色的伦敦城标志。

星期六将是最后一次见到他，届时领针可以取货。

七月二十日　星期二

我在埃娜之前到达罗素广场，我的朋友——那位售票员——为我安置好一把椅子后，反剪着双手，俯身诡秘地问道：“我们总应该知道彼此是何许人吧？”

我向他保证，我们并不是什么大人物，他不满地摇摇头。

“画家们，”他说，“不会随便画什么人的像。”

我告诉他我是一个作家，但是既无名气，又不重要，他拿出一本黑封面的小本子，一笔一画地写下我的名字和埃娜的名字，这时埃娜正摇摇摆摆绕着那个鸟儿戏水的水池走来，带着画架、颜料箱、调色板。怕我感到无聊，她还是拖着那台庞大的收音机——尽管我总是对着它粗鲁地批评英国广播公司的音乐品味。它只有一个古典音乐电台，那个主持它的，不论是谁，定是个痴迷室内音乐的傻瓜，整天都在播放室内音乐，没别的。

埃娜告诉我，我完全改变了她对肖像画的观念。

“以前我从没在室外为谁画过像，”她说，“氛围和感觉都大不一样。从现在开始，对每一个描绘对象，我必须决定他或她究竟该是室内主题还是室外主题。你的看法很对：你适合室外主题。”

“并不是因为我适合室外主题我们才来这里的，”我说，“我们来这里是因为我适合自私的主题。”

我知道她很想画上一个整天，但是不管我说什么，她都坚持在一点钟收工，因为她知道我用以观光的时间所剩无几了。

当我们收拾好东西前往小旅行车时，她环顾罗素广场，沉思着说：“你是对的，这个地方，它有一种特殊的品位。”

我吓了一跳，我从来没那么说过。直到她这样断言，我都还不能肯定我觉得它有品位。

我们在潘泽尔餐厅用午餐，然后第二次去国家肖像画廊。我见到了简·奥斯汀、利·亨特和威利·黑兹利特，有一幅甚为怪异的勃朗特画像——画着三姐妹的脸，画的中央有一块灰色的模糊区域,该处曾经画着勃兰威尔的脸。

事情是这样的，勃兰威尔画了他自己和他的三个姐姐，然后出于一种自我憎恶，他把自己的画像涂掉了。你当然不可能只专注于三位姐姐的脸，当中这块模糊的灰白占据了整幅肖像画的主要部位。你忍不住想要知道，勃兰威尔是否知道会是这样。

七月二十一日　星期三

上校为我再一次尽了他最大的努力。我倒是已经忘了，上次我们去斯特拉特福时经过斯托克波吉斯，我想绕道去看格雷的教堂墓地，只因为《挽歌》是我母亲喜爱的诗歌。上校没有忘记，他来接我，去斯托克波吉斯用晚餐，虽然路程长达两个小时。

我们到那里的时候正是黄昏，周围一个人都没有。当我们走进墓地时，鸣钟正在敲响出殡之日的丧钟。

格雷的母亲就葬在这里，他在墓碑上题了词：

> 她儿女众多，不幸的仅有一个，
>
> 在她死后依然苟活人世。

这座教堂有七百年之久的历史，简朴无华。祭坛的骨灰瓮上放着新鲜的野花。走进中央过道，你就脚踏着古代教区居民的墓穴，几个世纪之前他们被葬在这片石头地面之下。他们刻在石头上的名字已被彻底磨灭。

上校在墓地里溜达，让我独自坐在教堂里。我希望母亲能够知道我在什么地方，我觉得我像个孩子，爬上一个新的高处呼喊着：“喂，妈！你看！”

上校寡居的嫂嫂就住在斯托克波吉斯附近。她在伦敦教书，每天上下班得搭四个小时的车，他们这种生活方式，竟然和纽约一样疯狂。

我们开车到她的住所接她出来用餐，她住在乡村风味十足的郊区，它可以是康涅狄格州的任何地方——像诺拉的住宅，这郊区也可以是皇后区的任何地方。使人吃惊的是，所有的郊区是那么相似，那么没有个性，就像一条公路和另一条公路那样让人难以分辨。也许这就是我喜爱城市的原因，在伦敦，没有一排屋子可能会被你误认作是纽约。在曼哈顿，也没有一个方块形的街区会使你蓦然想起伦敦。

我们在一家名叫乔利·法默的漂亮酒馆用餐。“酒馆”

是一个很有弹性的用语，它可以指一家街角酒吧，或一家酒吧烧烤馆，或一家鸡尾酒肆，或一家消费昂贵的餐厅。“乔利·法默”是一家典型的康涅狄格州乡村餐厅：它卓尔不群，高雅昂贵，具有无法抗拒的魅力。

我吃了咖喱虾仁，我告诉那位经理，这比我自己做的咖喱可口。他拿来一罐他自己的咖喱酱，让我带回纽约家中。

“告诉我，”喝咖啡时，上校的嫂嫂对我说，“为什么所有的美国人都这样喜欢格雷的《挽歌》？”

坦白地说，我从来不知道他们喜欢它。除了我的母亲，我从没听到哪个美国人提到它。但是上校的嫂嫂在斯托克波吉斯遇见相当多美国各阶层的游客——比我在曼哈顿遇到的都要多——他们来这里全都是因为格雷的《挽歌》，所以我把她的话当真了。因为我没有道德勇气对她说“我不知道”，我把我的解释向她全盘托出——只是肤浅的猜测。

“我们是一个移民国家，”我说，“我们的祖先都是贫困和被鄙视的欧洲、非洲民众。我们上学，我们学习英文诗歌，我们读到的诗歌全都是赞美上层社会的：国王和王后、西德尼的妹妹[1]、彭布罗克[2]的母亲，牛津大学的尖塔、伊顿公学的球场，等等。而只有格雷在赞美沉默、卑微的小人物。因为所有的美国人都是沉默、卑微的小人物的后裔，我想，是他引起了我们的共鸣。”

但愿我是对的，因为她和上校相信我的话，我甚至自己也相信了。我被自己的雄辩冲昏了头脑，在驱车回家的途中，我开始怀疑在解释美国人对格雷的感情时，我无意中发现了英国人热爱狄更斯的原因。他们可能更尊崇莎士比亚，但是他们热爱狄更斯。也许是因为一般的英国人既不是国王也不是农民，与其把他们看作莎士比亚笔下的国王和农民，他们更贴近狄更斯笔下的下层和中产阶层中具有上进倾向的那类人物。在举国上下倾慕狄更斯的热潮中，帕特·巴克利甚至也是其中之一。他告诉过我，他的曾祖父是一个鱼贩；还有，他在伊顿公学读书时曾遭到其他男孩的嘲笑，因为他母亲是出生在澳大利亚的殖民地居民。

①玛丽·西德尼（Mary Sidney，1561－1621），英国诗人、文学家。是诗人菲利普·西德尼的妹妹，英国贵族和政治家彭布罗克三世的母亲。

②彭布罗克·帕里什（Pembroke Parish，1580－1630），英国贵族、政治家，诗人玛丽·西德尼的长子。

上校将在星期日晚上为我举行一个告别派对。星期一我离开的时候，他会在机场送行。

七月二十二日　星期四

我越来越感到内疚，是我在众所周知的伦敦坏天气里迫使埃娜在户外为我画像。今天早晨是我们第二次因雨取消计划，昨天我们因雨撤退后，她载我来到了伦敦塔。但是参观者在那里排着长长的队伍等着进去，我还不能太长久地站着排队。今天我们再次动身前往伦敦塔，但是中途天气突然放晴，我让她驰回罗素广场。我们将在星期日再去伦敦塔，我喜欢把它作为我在伦敦参观的最后景点。

我的售票员朋友，现在完全被我们的壮举迷住了，他一脸严肃地对埃娜说："总有一天，这幅画像能值五十万英镑呢。"我对埃娜说，如果是这样，我有一半的份儿。

利奥开车赶来，在六点钟的时候找到了我们。我能看出，埃娜对此恨得咬牙切齿，她本想一直画到天黑收工。

她告诉他我们在罗素广场，他得来接我们吃晚餐，可她是指望他七点才能找到这个地方；他和我差不多，缺乏方向感。可没想到他不费吹灰之力就找到了罗素广场，这让她大为恼火。可爱而迟钝的利奥只知对她一味膜拜，不知道自己已经犯了个错误，接着又犯下一个更糟糕的错误：他站在她后面，双手反剪在自己背后，关切地注视着画像（埃娜不喜欢旁人凑热闹，即便是利奥），他对我振振有词地说，它“会很漂亮的”。一句话喊停了今天的画像，我们驾车去潘泽尔餐厅，埃娜和我坐在小旅行车里，利奥在轿车里跟着。他本想带我们去某个很豪华的地方，吃一顿告别晚餐，但是我告诉他，我宁可去潘泽尔餐厅。

我们快要喝完饮料了，他们想要和我约定一个开车游览查特韦尔庄园的日子，那是丘吉尔的老屋，他们的一个朋友买下了它。这时，我听到有人在招呼：“喂，海莲。”

我抬起头，看见一位女士向我们迎面走来，是多年前我偶然认识的。她在纽约经营一家生意颇好的店铺，她很喜欢追风跟潮。我们见面时她总是友好得体、和蔼可亲，但是我在她眼里向来就是一个过路客而已。

我说，噢，感谢老天，多萝西。然后把她介绍给利奥和埃娜。利奥邀请她一起用餐，她接受了。她解释来这儿是进行一个旋风式的购物旅行，刚刚抵达这里。利奥，他有世界上最迷人的举止风度，为她点了餐，然后又以谈吐吸引了她，所以埃娜和我能够继续讨论去查特韦尔庄园的事宜。

问题是我将在星期一早上飞离，我无法再挤出一天和他们去那里。“明天，”我告诉埃娜，“希拉·德尔要驾车带我去哈特菲尔德宫，它是我唯一想看的宫殿；然后我们回海格特，和诺拉一起吃最后一顿晚餐。星期六是我最后一天随帕特·巴克利出游，他带我去乡村的某个地方。”

“我想要曼夫妇和你认识，”利奥说，“如果他们能安排我们星期日去，那样的话，你能来和我们一起开车去吗？”她向多萝西解释，克里斯多夫·曼和他妻子艾琳·乔伊斯买下了查特韦尔庄园。

“星期日是我们剩下唯一可以画像的一天，”我说，“我想埃娜在指望着它呢。”

“你们还要画一次吗？”利奥问，埃娜点点头，他向多萝西解释关于画肖像的事情。

“我不明白为什么你非得星期一回去。”埃娜说，她叹气，我也叹气，利奥又跟着叹气。然后他转向多萝西，问她认识我有多久了。她含糊地回答："我说不准，八年或十年吧。"

"告诉我，"利奥说，用他那响亮的英国式男中音，"我们才认识她几个星期，为什么却和她难分难舍？"

我向多萝西转过身，准备说一些开玩笑的话，但是我没说出口。毫不夸张，她目瞪口呆地看着利奥，嘟囔了几句，然后目光转向我，仍然张着嘴，一脸似信非信的神色。看着她的脸，我看到了自己正在充当一个为时五周的女公爵的内心感受。

我们离开潘泽尔餐厅，多萝西感谢利奥的晚餐招待，她婉言谢绝搭乘我们的车回旅馆，说旅馆就在这街上。然后她向我转过身，一反先前的困惑，尽力使语气显得轻松，带点戏弄地说："我想，不必请你把我安插到你繁忙的时刻表里吧？"

我想说："别逗了，多萝西。下个星期舞会就会结束，灰姑娘将回到她的坛坛罐罐中去，回到她的打字机世界中去，穿一条旧牛仔裤和一件旧T恤衫，一如往常。"

但我只是笑了笑，说我们纽约见。

七月二十三日　星期五

上帝保佑希拉，哈特菲尔德宫是点睛之笔。它不是最古老或最美丽的王宫，它只是伊丽莎白一世的王宫，她在这里长大。宫殿的一翼依然矗立在那里，我们参观了她的餐厅——还有厨房，比她本人看到的厨房还多。

我们坐在花园的石凳上，花园很安静，有点儿荒芜，四百年弹指一挥间，你可以想象你和她一起在花园里漫步时，枢密院的一位绅士策马而来，然后下马跪地，告诉她：她是英国女王。

我们驱车回海格特用晚餐，诺拉给了我一些马克斯与科恩书店的照片带回家，还给了我一张弗兰克的。她告诉我，当他把我的一封信带回家读给全家听的时候，她是多么怒不可遏。

“我曾对他说：‘你是个什么鬼丈夫，竟把其他女人的信带回家来！’”

“如果他不把它们带回家，”我说，“你就会担心事情的缘由。”

她看着我，点点头。

“那正是弗兰克经常说的。”她说。

她花园里的花几乎都谢了，她把最后几朵玫瑰采下来让我带回家去。

七月二十四日　星期六

和帕特·巴克利及埃利夫妇去罗斯林庄园，那是一座伊丽莎白一世时代的府邸。伊丽莎白一世曾是位在这里留宿过的客人，回家之后，她在给主人的信中写了一大串抱怨和批评。

他们三人明天晚上将在一家萨姆·佩皮斯用过餐的酒馆用餐，他们希望我也能一起参加。我说我会尽量在上校的派对前赶到。

我非常清楚，不可能，但我是个懦弱的人，我不知道怎样对帕特·巴克利说：再见，谢谢。明天我将打电话给他，在电话里和他道别。

我们在康诺特酒店放下伊利夫妇后，他带我到珠宝店取我的领针。

它是一个金色的横条，带有红白相间的伦敦标志和金色的城市箴言：

主引领我们，

信他将继续引导他们。

七月二十五日　星期日

昨天夜里整理好了大部分行装，这样今天上午可以让埃娜在罗素广场早些开工，她一直画到中午，再次因雨而中断。

她驾车载我经过摄政公园，最后一次看看那些纳西弯月屋，看看那些可爱的街道，然后在去伦敦塔之前，先到潘泽尔餐厅吃了一顿告别午餐。

我们开车来到伦敦塔，发现参观者排成并列的四条长龙。队伍沿着伦敦塔的大门延伸了一个城市街区，却不见向前移动。这时我明白，我再也无缘进伦敦塔一窥究竟了。我本可以来好多次，我忽视它太久了！

“明年夏天再来，”埃娜轻声说，“我们将把所有你没去过的地方列份清单，把伦敦塔放在首位！”

她明天早上要开车送我去机场。

稍后

上校在切尔西有一套很舒适的公寓，他的朋友全都令人愉快而平易近人：有两名男士，几位颇有魅力的寡妇，还有一对羞怯的年轻瑞士夫妇。我记不住任何人的名字，也记不得我们谈了些什么，我无法集中我的思想。因为我得在早上十点动身前往机场，所以派对早早就散了。诺拉也来参加派对，她载我回旅馆，我们就此道别，答应相互写信。

我在床上写着，装满东西的行李箱在地板上打开着，梳妆台的台面空空无物，拉起的窗帘挡住了外面的雨水，房间看上去和我抵达的那天晚上完全一样。

七月二十六日　星期一

早餐之后我让人把行李箱带下楼，结清账单，打电话给帕特·巴克利道别，但是没人接电话。

我上街去多伊奇公司，为澳大利亚的书商们在二十本书上签了名，明天他们有个会议。我不知道他们的名字，但总不能让我单单写下自己的名字，这样草草了事似乎不太礼貌。于是我在每本书上写上："致一位不相识的爱书人"，有时候我觉得我真是疯了！

向卡门和塔默先生道了别，向多伊奇公司的其他人——除了安德烈，他还没有到公司——道了别。然后过去和罗素广场说声再见。我的售票员朋友还没来上班，就我一人。

回到酒店，试着再给帕特·巴克利打电话，还是没人接。我决定一到家就马上写信给他，早该这样做了。当我走出电话亭，奥托先生向我欠身鞠躬，一本正经地说："夫人的美——洲——豹在等候。"

是埃娜来了，坐在一辆借来的美洲豹里，她说轿车利奥在开，她不能用小旅行车送我去机场，那车太吵了，在里面说不了话。

她送我一枚嵌有两颗小珍珠的戒指，因为曾经听我说过喜欢珍珠。

上校在希思罗机场和我们会合，他处置好我的行李箱，然后昂首阔步，领着我们进入贵宾休息室喝雪利酒。喝酒的时候他宣布，等我的飞机起飞后，他会带埃娜去机场各栋大楼做一次贵宾巡游。

他和埃娜陪我上了飞机。上校把我托付给一位女乘务员，叮嘱她照顾好我，他和埃娜还有我吻别。我的座位是靠窗的，我顺势坐了进去，转眼向窗外看去，寻找他们。我看到了他们，我刚举起手来向他们挥别的时候，他们转过身消失在人群之中。

飞机离开跑道——突然，好像一切都消失了：布鲁姆斯伯里街、摄政公园、罗素广场和拉特兰门。好像什么也没有发生过，一切都不是真的。甚至所有的人也都不是真实存在的，一切都是想象，他们全是幻影。

我坐在飞机上，努力去想那一张张脸，努力想要抓紧伦敦不放，但是回家的念想侵入我的脑中：成堆的信件在等着我，那里的人们在等着我，那个世界在等着我。

普洛斯彼罗[①]的几句台词闯入我的脑中：

> 欢闹到了尾声。我们这些演员
> ……原都是些精灵，
> 在空中消融，消融……
> 白云笼罩着的高塔，华丽的宫阙，
> 庄严的神殿……化为乌有，
> 如同幻觉中的盛会渐退渐远，
> 不留一丝云彩。我们就是
> 梦幻所用的材料……

安息吧，玛丽·贝利[②]。

---

①莎士比亚戏剧《暴风雨》中的人物。

②本书作者海莲·汉芙的一位英国祖先，在书的开篇曾经谈到过。

图书在版编目（CIP）数据

重返查令十字街84号 /（美）海莲·汉芙著；程应铸译. —— 海口：南海出版公司，2019.4
书名原文：The Duchess of Bloomsbury Street
ISBN 978-7-5442-8639-8

Ⅰ. ①重… Ⅱ. ①海… ②程… Ⅲ. ①书信集－美国－现代 Ⅳ. ①I712.65

中国版本图书馆CIP数据核字(2018)第243434号

著作权合同登记号 图字：30-2018-075

重返查令十字街84号
〔美〕海莲·汉芙 著
程应铸 译

出　　版　南海出版公司　(0898)66568511
　　　　　海口市海秀中路51号星华大厦五楼　邮编 570206
发　　行　新经典发行有限公司
　　　　　电话(010)68423599　邮箱 editor@readinglife.com
经　　销　新华书店

责任编辑　黄宁群
特邀编辑　许文婷
装帧设计　李　毅
内文制作　田晓波

印　　刷　北京中科印刷有限公司
开　　本　787毫米×1092毫米　1/32
印　　张　7
字　　数　102千
版　　次　2019年4月第1版
印　　次　2019年9月第5次印刷
书　　号　ISBN 978-7-5442-8639-8
定　　价　49.00元

图书在版编目（C I P）数据

重返查令十字街84号 /（美）海莲·汉芙著；程应铸译. -- 海口：南海出版公司，2019.4
书名原文：The Duchess of Bloomsbury Street
ISBN 978-7-5442-8639-8

Ⅰ. ①重… Ⅱ. ①海… ②程… Ⅲ. ①书信集－美国－现代 Ⅳ. ①I712.65

中国版本图书馆CIP数据核字(2018)第243434号

著作权合同登记号　图字：30-2018-075

重返查令十字街 84 号
〔美〕海莲·汉芙 著
程应铸 译

出　　版　南海出版公司　(0898)66568511
　　　　　海口市海秀中路51号星华大厦五楼　邮编 570206
发　　行　新经典发行有限公司
　　　　　电话(010)68423599　邮箱 editor@readinglife.com
经　　销　新华书店

责任编辑　黄宁群
特邀编辑　许文婷
装帧设计　李　毅
内文制作　田晓波

印　　刷　北京中科印刷有限公司
开　　本　787毫米×1092毫米　1/32
印　　张　7
字　　数　102千
版　　次　2019年4月第1版
印　　次　2019年9月第5次印刷
书　　号　ISBN 978-7-5442-8639-8
定　　价　49.00元